KB206547

하나님을 만나면
보이는 것들

하나님을 만나면
보이는 것들

초판인쇄 2019년 6월 20일
초판발행 2019년 6월 27일

지 은 이 한영수
책임편집 정두철
편집교열 이충재
디 자 인 양혜진
제작지원 토픽코리아(TOPIK KOREA)

펴 낸 곳 (주)도서출판 참
펴 낸 이 오세형
등 록 일 2014.10.20. 제319-2014-52호
주   소 서울시 동작구 사당로 188
전   화 02-6294-5742
팩   스 02-595-5749
블 로 그 blog.naver.com/cham_books
이 메 일 cham_books@naver.com

I S B N 979-11-88572-11-3 03230

하나님을 만나면
보이는 것들

한영수 지음

 도서출판 참

"믿음이 없이는

하나님을 기쁘시게 하지 못하나니

하나님께 나아가는 자는 반드시 그가 계신 것과

또한 그가 자기를 찾는 자들에게

상 주시는 이심을 믿어야 할지니라"

+ 히브리서 11장 6절 +

하나님을 믿고 구원받은 그리스도인에게 주어진 사명은 하나님과 하나님 말씀인 복음을 널리 알리는 일입니다.[행 1:8] 복음 전도는 그리스도인을 향한 하나님의 지상명령이기 때문입니다.

복음을 전하다 보면 상대방이 바빠서 대화 중에 멈춰야 하는 경우도 있고, 왜 하나님은 유대인 600만 명을 학살하는 히틀러를 가만히 보고만 계셨는가? 왜 쓰나미로 수많은 사람이 죽어 갔는데도 방관만 하시고 계셨는가? 등의 공격적 질문을 통해서 대화를 의도적으로 단절시키곤 합니다.

이럴 때마다 성경의 핵심을 쉽고 간략하게 정리한 기독교 변증법적 책자가 있다면 신앙생활과 전도에 큰 도움이 되겠다는 생각을 한 적이 있습니다. 그래서 그동안 신앙생활을 하면서 의문점이 들었던 것들, 질문을 받고 갈등했던 것들을 한데 모아 책을 내게 되었습니다.

이 책이 신앙생활에 활기를 불어넣는 동시에 복음 전도의 도구가 되어 하나님을 믿지 않는 사람들이 하나님과 예수, 성경과 교회에 대하여 관심을 갖게 되기를 간절히 소망합니다.

+ 저자 한영수

인간은 끊임없이 의문을 갖는 피조물입니다. 하나님이 인간의 생각을 그렇게 만드셨기 때문에 어린 아이들처럼 "왜?"라는 질문에서 벗어나지 못하는 것이 우리 인간입니다. 그래서 이 책은 많은 사람들의 관심거리인 진리에 대한 질문에서 시작합니다.

그리스도인이라면 마음에 담아 두어야 할 기본진리인 하나님에 대하여, 예수님과 성령님 그리고 성경과 구원, 교회, 기도 아울러 성도들이 신앙생활을 하면서 이해하기 어려운 궁금한 이야기들과 삶에서 겪게 되는 다양한 일들에 대한 질문들입니다. 저자는 그 질문들에 대한 대답을 성경적 사고로 조목조목 알려줍니다. 학교 선생님 출신답게 논리적이면서도 설득력 있게 설명함으로써 신앙의 기초를 세울 수 있게 도와줍니다.

아울러 이 책은 복음의 의미를 생생하게 일깨워 주어 성도의 최대 사명인 복음 전도, 특히 불신자들에게 진리를 가르치는 최전방의 전도자들에게 다시 한 번 복음의 확신과 전도의 열정을 북돋아 주는 데도 큰 도움이 됩니다. 그래서 교회에서 새신자반 성경공부를 할 때 하나님을 처음 믿기 시작하는 초신자들로 하여금 이 책을 필독서로 읽게 하면 좋은 결실을 맺을 것입니다.

그러므로 누구든지 기독교의 기본진리를 알기 원하고, 예수님의 삶을 닮기 원한다면 그리고 복음 전도의 도구를 찾는다면 이 책을 적극적으로 추천합니다.

+ 두레교회 담임목사 차영근

목차

하나님을 만나면
보이는 것들

01

하 나 님 이
과 연
존 재 하 는 가

"집마다 지은 이가 있으니

만물을 지으신 이는

하나님이시라"

+ 히 3:4 +

제1장
하나님이
과연 존재하는가

하나님은
영이시다

　　하나님은 사람과 같이 육신을 가지고 있지 않는 영
이시기 때문에 손으로 만져 볼 수도 눈으로 볼 수도 없습니
다. 그렇다고 하나님이 없다고 하는 것은 옳지 않습니다. 대기
의 공기 그리고 방송을 생각해 보세요. 공기는 눈에 보이지 않
지만 바람이 불 때 공기의 존재를 알 수 있고, 내 주위에 수많
은 소리와 영상이 우리 곁을 스쳐 지나고 있지만 결코 듣지도

보지도 못합니다. 그러나 라디오나 TV의 채널을 맞추면 뉴스도 음악도 명화도 듣고 볼 수 있습니다.

마찬가지로 하나님도 우리가 믿음이라는 그릇에 담을 때에만 존재하시고 살아 계심을 깨달을 수 있는 것입니다. 무한한 우주세계를 눈에 보이고 한정된 영역에 가두어 놓고 인식하려고 든다면 그 무한함은 제한을 받을 수밖에 없습니다. 하나님도 이와 마찬가지입니다.

하나님은 우리의 한정된 사고와 지식으로 판단하거나 제한해서는 안 되는 무한하신 분이십니다.

+

무엇이 하나님의 존재를 의심하게 하는가

첫째, 과학을 만능이라고 믿기 때문입니다

세상에서 가장 흔하고 만만한 질병은 아마도 감기일 것입니다. 그런데 아직까지도 감기를 근본적으로 치료할 수 있는 처방책이나 약이 없는 것이 현실입니다. 우리가 감기에 걸렸을 때 처방을 받는 약은 감기로 인한 증상을 완화시켜 조금 더

편하게 감기를 앓을 수 있도록 도와주는 기능을 할 뿐이지 근본 치료제는 될 수 없습니다. 이것이 오늘의 과학 수준입니다. 현대과학은 완전한 것이 아니고 하나님의 무한한 지식 중에 극히 일부분을 알아낸 것일 뿐입니다.

오늘날 많은 사람들은 과학이 모든 문제를 다 해결해 준다고 생각하기 때문에 과학으로 증명되지 않는 것은 존재하지도 않고 틀렸다고 합니다. 그러나 이것은 잘못된 것임을 곧 알아차리게 됩니다.

왜냐하면 자연과학이란 이 세상에 존재하는 자연세계를 눈, 코, 입, 귀 등을 통해 관측하는 것에서 시작하는데 하나님처럼 오각으로 관측하거나 감지할 수 없는 것은 과학이 다룰 수 있는 문제가 될 수 없기 때문입니다.

과학은 하나님이 이루신 일을 하나님이 허락한 범위 내에서만 증명할 수 있습니다. 과학으로 설명할 수 없다고 해서 하나님의 존재를 부인하는 것은 부분적인 것으로 완전한 것을, 한시적인 것으로 영원한 것을 제한하고 규정하려는 잘못을 범하는 것입니다.

그러므로 하나님은 과학의 대상이 아니라 믿음의 대상이요, 경배의 대상입니다. 따라서 하나님은 과학이 아니고 영적인 이해와 성령의 체험으로만 설명될 수 있는 분이십니다.

상대성원리로 유명한 과학자 아인슈타인은 필리스 라이트라는 여학생에게 보낸 서한에서 이렇게 말하고 있습니다.

"진정한 의미에서 과학을 추구하는 사람이라면 자연법칙을 알면 알수록 모든 면에서 인간을 초월하는 어떤 영혼의 존재가 있다고 확신하게 됨을 깨닫게 될 것입니다. 우리 인간이 지닌 별로 내세울 것도 없는 능력이라는 것이 얼마나 초라한지 깨달아야만 합니다."

둘째, 사람들이 다윈의 진화론을 생명기원의 진리로 믿기 때문입니다

진화론은 생명의 기원이 수십 억 년 동안 우연히 저절로 무기물에서 유기물로, 유기물에서 하등동물을 거쳐 사람으로 진화되었다고 주장해 오고 있습니다. 즉 원숭이가 진화되어 사람이 되었다는 학설입니다. 이 주장은 하나님이 흙으로 사람을 창조했다는 성경을 완전히 부정하는 것이어서 하나님의 존재 자체를 의심받게 하고 있습니다.

그런데 진화론의 주장은 하나의 가설이지 과학적 타당성

+ 하나님을 만나면 보이는 것들 +

이나 증거가 있는 것은 아닙니다. **진화론의 오류를 몇 가지 지적하면 다음과 같습니다.**

› 생명은 이미 존재하는 생명체에서만 나올 수 있으므로 무기물이 유기물로 변할 수 없는데도 진화론은 변한다고 가정을 하고 있습니다.

› 진화를 설명하기 위해서는 진화되기 이전에 어떤 물질이 있어야 하는데 이 물질은 하나님이 창조한 것이 아니라 영원히 스스로 존재하는 것이라고 억지로 가정하고 있습니다. 진화론은 일단 생명체가 시작한 이후에 어떻게 진화되어 왔는지는 잘 설명하지만 생명체의 기원 자체는 다루지 못하고 있습니다.

› 같은 종種 내에서의 소진화는 이루어지나 한 종에서 다른 종으로의 진화 즉 원숭이가 사람이 되는 것과 같은 대진화는 불가능하다는 것이 판명되었음에도 불구하고 이를 사실로 가정하고 있다는 점입니다.

› 원숭이가 사람으로 진화되었다면 원숭이와 사람의 중간 형태의 화석이 발견되어야 하는데 지금까지 하나도 발견되지 않고 있으며, 오히려 발견된 화석은 모든 생물이 종류대로

창조되었다는 성경의 창조론을 증명하는 자료로 밝혀지고 있다는 점입니다.

그러면 생명의 기원에 대하여 성경은 어떻게 말하고 있습니까? 창세기에서 하나님은 천지와 인간을 창조하셨다고 기록하고 있습니다.창 1:1, 창 2:7

내 주위를 살펴보면 책, 연필, 스탠드, 침대, TV, 스마트폰 등등 무엇 하나 저절로 우연히 생긴 건 없습니다. 누군가가 만든 것을 내가 구입하였거나 선물로 받은 것뿐입니다. 더러운 물웅덩이에서 해충모기, 벌레 등이 저절로 생긴 것 같지만 이 또한 저절로 된 것이 아닙니다. 어미 해충이 웅덩이에 알을 낳아 놓았기 때문에 그것이 자라서 해충이 된 것처럼 말입니다.

과학의 이치인 인과율로 볼 때도 어떤 존재가 있다는 것은 그것을 만든 원인이 있어야 하는데 그 원인의 제공자가 하나님이라는 창조론을 받아들이지 않는다면 생명의 기원을 그르치는 잘못을 범하게 되는 것입니다.

"집마다 지은 이가 있으니 만물을 지으신 이는 하나님이시라"히 3:4

첫째, 자연 계시입니다

우주만물을 유심히 관찰해 보면 하나님이 살아 계심을 인정하게 됩니다. 밤하늘에 반짝이는 수많은 별들이 빠른 속도로 운행하면서도 충돌하지 않는 것을 볼 때, 사계절에 따른 자연의 변화무쌍함을 발견할 때, 동식물의 상호관계와 인체의 신비를 볼 때 이러한 것들이 우연히 만들어지고 저절로 이루어진 것이라고 말할 수 없는 수많은 현상들을 발견하게 됩니다.

지구상에 생명체가 숨 쉬고 살기 위해서는 대기 중에 산소가 정확히 21%가 있어야 하고, 지구는 태양을 향해서 정확히 23.5도 기울어 있어야 하는데 이것이 우연히 저절로 된 것이라고 말할 수 있는 사람은 아무도 없을 것입니다. 이것은 누군가에 의해서 정교하게 창조되었고 지금도 그 분에 의해서 보전되고 운영되고 있다고 볼 수밖에 없습니다.

성경도 하나님 자신과 하나님의 능력 그 자체는 보이지 않으나 하나님이 창조하신 만물에 그것이 나타나 있기 때문에 인간이 정직한 마음으로만 본다면 하나님의 존재를 결코 부인할 수 없다고 말하고 있습니다. 롬 1:20

그렇습니다. 하나님은 우주만물을 통하여 인간에게 자신의 존재를 스스로 나타내 보이고 계시는 분이십니다.

둘째, 인간이 가진 종교성입니다

하나님이 흙으로 사람을 지으시고 그 코에 하나님의 영을 불어 넣어 사람을 만드셨습니다. 그래서 사람의 몸속에는 하나님의 영이 계시고 하나님을 찾는 속성이 있는데 이를 일컬어 우리는 종교성이라고 말합니다. 귀가 있다는 것은 들을 소리가 있기 때문이고, 코가 있다는 것은 맡을 냄새가 있기 때문인 것처럼 우리 마음속에 종교성이 있다는 것은 바로 하나님이 존재한다는 사실입니다.

하나님이 없다고 강변하는 무신론자들도 위기에 처하거나, 한계상황에 놓이면 하나님을 부르며 무릎을 꿇습니다. 이는 마음 깊은 곳 잠재의식에 하나님이란 대상이 엄연히 존재하고 있음을 스스로 인정하고 있다는 증거입니다.

지난날을 되돌아보면 어렵고 힘든 고비를 당할 때마다 보이지 않는 누군가가 나에게 지혜를 주고 도울 사람을 보내 주셨음을 깨닫게 되는데 이를 무신론자들은 우연이라고 하겠지만 그리스도인들은 하나님이 인도하신 것이라고 믿습니다.

그러므로 어렵고 힘든 상황에 처했을 때 겸손히 무릎을 꿇고 하나님께 기도해 보십시오. 하나님께서 길을 열어 주시고 마음에 기쁨과 평안함을 느끼게 될 것입니다. 이것이 바로 하나님이 내 안에 계시다는 증거가 아니고 무엇이겠습니까?

+

02

성   경   이
진   정
하   나   님
말   씀   인   가

"하나님은

아브라함에게 약속하실 때에

가리켜 맹세할 자가

자기보다 더 큰 분이 없으므로

자기를 가리켜 맹세하여"

+ 히 6:13 +

성경은 신과 인간의 관계를 기록한

거룩한 문서이다

우리가 흔히 말하는 성경은 한 권이 아니고 66권을 한데 모아 놓은 성경전서입니다. 성경전서를 크게 나누면 구약성경과 신약성경 둘로 나누는데 구약성경은 천지창조에서 시작하여 이스라엘 민족의 성공과 실패의 자취를 따르면서 앞으로 오실 구세주 예수에게 초점을 맞추고 있습니다. 즉 구약성경의 모든 사건은 직접 또는 간접으로 예수 그리스도에 대한 준비와 예언을 기록한 것으로서 창세기에서 말라기까지 39권입니다. 신약성경은 이미 오신 예수 그리스도의 생애와 그의 가르침과 제자들의 증언을 수록한 것으로서 마태복음에서 요한계시록까지 27권으로 되어 있습니다. 그러므로 신약은 구약의 배경에서 이해되어야 하며 구약을 떠나서는 신약의 참뜻을 이해할 수 없습니다.

+

성경의 내용이
비과학적이라는 비판에 대하여

첫째, 성경은 과학의 판단 대상이 아닙니다

현대인들은 과학이 모든 문제를 해결한다고 믿고 있습니다. 그러나 과학은 오관으로 관측하거나 감지할 수 있는 존재만을 대상으로 하고 또 그 대상의 겉모양만을 알려줄 뿐이지 그것의 중요한 요소나 핵심적인 속성에 대해서는 전혀 설명할 수 없습니다. 즉 죄의 문제, 구원의 문제, 죽음의 문제, 영생의 문제 등은 과학이 개입할 문제가 아니며 과학의 논리가 적용될 수 있는 문제도 아닙니다.

그런데도 현대인들은 과학을 만능으로 착각하고 성경마저도 과학에 대입시켜 타당성 여부를 판단하려는 잘못을 하고 있습니다. 성경은 과학책이 아니고 구원에 대한 진리를 기록한 책입니다.

둘째, 기적은 자연법칙의 예외일 뿐이지 불가능한 것은 아닙니다

성경에 기록된 것 중에 예수님이 동정녀에게서 태어난 사실, 죽은 자를 살리신 일, 십자가에서 죽고 부활하신 일 등은 현재까지 알려진 과학의 지식으로는 용납될 수 없는 것들입니다. 그러면 기적은 절대 없는 것일까요? 과학이 기적을 부정하는 것은 자연법칙에 위배되기 때문인데 그럼 자연법칙은 완전한 것인가?

자연법칙은 모든 자연조건이 동일하고 불변한다는 가정과 초자연적 존재 하나님의 개입이 전혀 없다는 것을 전제로 한 것이므로 하나님이 개입하는 경우에는 자연법칙은 깨어지고 전혀 다른 결과가 나타나는데 이것이 바로 기적입니다. 그러면 성경은 기적을 어떻게 설명하고 있습니까? 성경 자체도 이러한 기적들을 자연법칙이 아닌 오직 하나님의 초자연적인

역사임을 설명해 주고 있습니다. 하나님이 우주만물을 창조하신 것을 우리가 믿는 것처럼 성경에 기록된 기적도 하나님이 개입하여 이루어진 것으로 믿어야만 합니다.

셋째, 성경은 과학적으로 설명하지 않고 그 당시 사람들의 수준에 맞는 표현방법을 사용하였을 뿐입니다

성경에 기록된 사실 중에는 오늘의 과학적 사고와 모순되는 것이 있으나 이는 비과학적인 것이 아니라 그 당시 사람들의 수준에 맞게 표현하고 설명했을 뿐입니다. 그래서 그 당시의 사람들은 성경에 기록된 사실을 비과학적이라고 비판하지도 않았고 거부하지도 않았던 것입니다.

이런 비유는 어떨까요? "물이 언제 끓고, 얼음이 언제 어나요?"라는 어린아이의 질문에 "물은 100℃에서 끓고, 얼음은 0℃에서 언다"라는 설명보다 "물은 뜨거워지면 끓고, 많이 차가워지면 얼음이 된다"라고 설명하는 것이 이해가 훨씬 쉬울 것입니다. 이 설명이 비과학적이라고 비난을 하는 것은 잘못입니다.

왜냐하면 과학적인 논리로 설명을 하지 않았을 뿐이지 비과학적인 것은 아니기 때문입니다. 칼뱅은 "성령께서는 우리와

함께 말을 더듬으신다"라고 하였는데 이는 하나님은 우리의 수준에 맞추어 스스로를 낮추시기도 하신다는 뜻이 아니고 무엇이겠습니까?

성경이 하나님의 말씀이라고
믿게 하는 것들

첫째, 성경 66권의 내용이 일관성이 있다는 점입니다

성경 66권은 약 1,600년 동안에 걸쳐 40여 명의 저자들에 의해 기록되었는데 40여 명의 저자들은 전혀 다른 신분왕, 농부, 노예, 의사, 죄수, 목자, 어부, 세리 등을 가졌으며 다른 세대에 살았으며 또 다른 지역팔레스타인, 로마, 헬라, 바벨론, 페르샤 등에 살면서 3개 언어히브리어, 헬라어, 아랍어로 쓰였는데 한 사람이 쓴 것처럼 서로 상충되거나 모순됨이 없이 통일성과 일관성을 가졌음은 놀라운 일이 아닐 수 없습니다.

이는 사람의 지혜로 쓸 수 없는, 하나님의 특별한 섭리가 전제된 일입니다.

"모든 성경은 하나님의 감동으로 된 것으로 교훈과 책망과 바르게 함과 의로 교육하기에 유익하니 이는 하나님의 사람으로 온전하게 하며 모든 선한 일을 행할 능력을 갖추게 하려 함이라"딤후 3:16,17

둘째, 성경의 가르침이 그 당시 사람들의 생각을 초월하고 있다는 점입니다

성경은 성경이 기록될 때의 사람들이 가지고 있던 세계관이나 사고방식을 완전히 뛰어넘는 가르침과 인간의 논리적 한계성을 초월하는 내용들을 많이 가지고 있다는 것입니다.

가장 대표적인 것이 창조에 대한 가르침인데 하나님은 우주를 무無에서 창조하셨다고 성경에서 가르치고 있습니다. 오늘날 우주생성론 중 가장 지배적인 이론이 대폭발설Big Bang Theory인데 이 이론은 이미 존재하던 어떤 원물질이 갑자기 폭발하므로 우주가 형성되었다고 주장합니다.

대폭발설은 이미 존재하고 있는 원물질을 전제하고 있으므로 성경에서 말하는 우주생성론과는 거리가 있으며 그 밖에도 많은 창조설화가 있으나 성경처럼 무無로부터 유有를 창조하였다고 가르치고 있는 학설이 하나도 없는 것만을 보아도

+ 하나님을 만나면 보이는 것들 +

성경이 그 당시 사람들의 생각을 초월하고 있음을 잘 증명해 주고 있습니다.

　　구약성경 욥기에서 욥은 선하고 정직하며 하나님 보시기에 조금도 부족함이 없는 사람이었으나 사탄의 시험으로 자식을 잃고, 가축은 다 죽고 본인마저 질병으로 고생을 하는 등 최악의 상황에 처함을 볼 수 있습니다.

　　그 당시에는 동서양을 막론하고 인과응보因果應報, 권선징악勸善懲惡과 같은 일반적인 윤리가 지배하던 사회였으므로, 당시 사람들의 사고방식과 정반대되는 성경의 가르침은 하나님의 계시가 아니고서는 결코 불가능한 일이 아닐 수 없으며, 또 모세가 창세기를 기록할 당시 동양은 말할 것도 없고, 중동의 자연관해, 달, 별, 바다 등을 모두 신으로 섬겼음에도 불구하고, 오직 성경만은 이런 자연관을 완전히 뒤엎고 신은 여호와 하나님 한 분뿐이라는 유일신론을 믿게 한 것은 참으로 놀라운 일이 아닐 수 없습니다.

　　신약시대의 여자들의 증언은 재판에도 채택되지 않을 정도로 무시되던 시대였습니다. 그럼에도 불구하고 예수님의 부활을 제일 먼저 발견하고 제자들에게 알린 사람이 여자임을 성경은 기록하고 있습니다.

만약 예수님의 부활이 조작된 것이라면 적어도 여자들을 첫 증인으로 기록하지는 않았을 것입니다. 성경이 하나님의 계시였기 때문에 그 당시 사람들의 생각을 초월하는 이러한 기록들이 가능했던 것입니다.

셋째, 성경은 솔직하고 꾸밈이 없다는 점입니다

인간의 생각으로 영웅이 되어야 할 사람들에게 성경은 잔인할 정도로 약점을 노출시키고 있습니다. 아브라함은 이스라엘의 믿음의 조상이요, 믿는 자의 모범으로 알려진 분인데 두려움 때문에 두 번씩이나 가나안이나 애굽의 여정에서 자기 아내를 여동생이라고 속이는 비겁함과 이기주의적 모습을 성경은 여지없이 폭로하고 있으며, 야곱은 형과 아버지와 외삼촌을 속이는 사기꾼으로, 위대한 임금 다윗은 부하 우리아의 아내 밧세바를 겁탈하고 그 남편을 전쟁터에 내보내어 죽게 하는 비열한 행위를 여지없이 폭로하고 있으며, 예수님의 족보에는 창녀도 있고, 시아버지와 간통한 여인도 있으며, 다윗과 간통한 밧세바 등이 포함되어 있고 예수님의 수제자요, 교회의 대표로 인정받는 베드로는 예수님을 세 번이나 모른다고 부인하였는데 이 사실을 베드로가 아들처럼 사랑했던 마가는 다른 복음서

보다도 자기가 쓴 마가복음서에서 베드로의 치명적인 실수를 더 자세히 서술하고 있습니다.

그 당시에는 각국에서 영웅전이 많이 쓰일 때인데 만약 성경이 조작된 것이라면 아브라함, 야곱, 다윗, 베드로 등을 여지없이 영웅으로, 위인으로 묘사했을 것입니다. 위에 든 몇 가지 경우를 미루어 생각해 보면 성경은 인간이 꾸며낸 이야기나 신화가 아니라 하나님의 영감 감동으로 기록된 하나님의 말씀임이 더욱 분명해집니다.

넷째, 예수님의 제자들이 크게 변화되었다는 점입니다

예수 그리스도에 대한 최대의 사건은 부활이 아닐 수 없습니다. 그런데 우리는 부활에 대하여 성경의 가르침을 믿는 것 말고는 다른 방법으로 이를 증명해 보일 수는 없으나 예수님의 열두 제자와 예수님을 생전에 보았던 사도들의 생활을 통하여 부활이 사실임을 믿게 됩니다.

예수님 생전에 제자들은 예수님을 어떻게 알고 있었던 가요? 그들은 예수님이 행하신 기적이나 가르침을 보고 그분이 구세주이심을 알았습니다. 그러나 그들이 생각했던 구세주는 정치적인 구세주였습니다. 그래서 예수님께서 로마를 비롯한 모든 이방국가들을 굴복시키고 통치하는 것을 기대했으나 하나님의 뜻은 모든 백성을 죄로부터 해방시켜 하나님의 백성으로 삼는 것에 초점이 맞추어져 있었습니다.

　　예수님이 붙잡혔을 때 제자들은 모두 도망쳤고, 수제자인 베드로도 예수님을 모른다고 세 번이나 부인하였으며 예수님이 인간의 죄를 대신 담당하기 위하여 십자가에 못 박혀 죽었을 때 실망한 제자들은 뿔뿔이 고향으로 돌아가 예전의 생업에 종사하였습니다.

　　그 후 예수님이 부활하여 제자들 앞에 나타나셨으며, 40여 일 동안 지상생활을 하다가 많은 사람이 지켜보는 가운데 승천하셨습니다. 그 후에 제자들은 예수님을 증거 하는 일에 목숨을 바쳤고 그들은 그 일로 모두 순교를 당하게 되었습니다. 만약 부활이 거짓이었다면, 부활을 직접 목격하지 못했다면, 거짓된 일을 위해 불확실한 일을 위해 하나뿐인 목숨을 바칠 수 있었겠습니까? 이는 부활을 직접 목격한 사람이 아니고는 도저히 할 수 없는 일입니다.

　　그 후에도 부활이 거짓임을 증명해 보이겠다고 달려든 사람들이 있었습니다. 18세기 길버트 웨스터라는 사람은 예수를 믿는 주변의 친구들이 너무 한심해 보였습니다. 그러던 어느 날 예수의 부활이 거짓임을 증명하면 기독교도 무너질 것이라는 확신을 가지고 부활을 연구하기 시작했습니다. 모든 자료를 수집하고 편집해서 책을 반쯤 쓰던 어느 날 그는 예수님을 만났습니다. 그 후 그가 쓰던 책은 예수 그리스도의 부활이 거짓이 아니라 사실임을 논증하는 쪽으로 바뀌게 되었습니다. 19세기 유명한 무신론자인 잉거솔은 황당하기 그지없는 부활신앙을 반박하기 위해 당시 덕망과 학식이 있는 루 월리스를 찾아가 자기를 대신해 글을 써 달라고 부탁했습니다.

루 월리스는 흔쾌히 수락했고 글을 쓰기 시작했습니다. 그러나 글을 쓰던 중에 예수님을 만났고 전혀 다른 내용의 책을 내기에 이르렀습니다. 그 책의 이름이 『벤허』입니다. 영화로도 제작되어 세상 사람들에게 큰 사랑을 받았습니다.

20세기 유명한 무신론자 프랭크 모리슨도 부활이 거짓임을 입증하려던 사람 중 하나였습니다. 그는 변호사이자 저널리스트로서 방대한 자료를 바탕으로 부활이 거짓임을 논증하는 글을 쓰다가 예수님을 만나게 되었습니다. 이후 그는 예수님을 만난 감격을 기술한 『누가 돌을 옮겼는가』_{생명의 말씀사,} _{1997.1.30.}를 펴냈습니다.

이처럼 부활을 부인하며 예수님께 도전했던 사람들이

결국은 예수님께 무릎을 꿇고, "나는 죄인입니다"를 고백하고 그리스도인으로 귀의하는 역사를 경험하게 된 것입니다.

다섯째, 성경의 내용 모두가 비과학적인 것은 아니라는 점입니다

성경은 과학책이 아니며 과학적 지식을 가르치기 위한 교재는 더더욱 아닙니다. 성경은 하나님에 대하여, 구원에 대하여, 죄에 대하여, 하나님의 사랑에 대하여 사람들을 가르치기 위해 하나님으로부터 계시된 책입니다. 그렇다고 하여 성경의 가르침이 모두 비과학적이고 사실과 어긋나는 것은 아닙니다. 어떤 부분은 과거에는 비과학적이요 역사적 사실에 어긋난다고 생각하였으나 후에 오히려 정확하다는 것이 밝혀진 것도 있습니다. 따라서 지금 당장은 이해되지 않는 부분이 있어도 머지않아 정확하다는 것이 밝혀지리라 믿습니다.

하나만 예로 소개하자면 다음과 같습니다.

구약성경 여호수아서에서 여리고성이 무너진 이야기가 나오는데 이스라엘 백성이 여리고성을 하루에 한 바퀴씩

6일 동안 돌다가 7일째 되는 날에는 일곱 번을 돌았더니 성이 무너졌습니다. 물론 과학을 신봉하는 성경 비평가들은 이것이야 말로 완전히 지어낸 신화에 불과하다고 비판하였으나 최근 고고학 조사단이 발굴한 여리고성의 폐허는 그 성벽이 모두 바깥쪽으로 무너져 있음을 찾아냈다고 합니다. 이것은 여리고성이 외부의 공격에 의해서 무너지지 않고 성 내부에 원인이 있음을 말해주고 있는 것입니다. 이스라엘 백성은 여리고성의 둘레를 돌았을 뿐 공격하지 않았는데도 성안에 있는 사람들이 심적 동요를 일으켜 탈출하는 과정에서 성이 무너진 것으로 추측됩니다.

여섯째, 성경은 성경 자체에 의해서만 증명되어진다는 점입니다

지금까지의 여러 증거들은 완벽한 것은 아니고 모두 약점을 가지고 있으며 반증이 가능한 것들입니다. 왜냐하면 확실하지 않은 것을 이용하여 확실한 것을 증명하는 것이 되고, 상대적인 것을 통하여 절대적인 것을 증명하는 것이 되기 때문입니다. 따라서 우리는 성경이 하나님 말씀이라는 사실을 성경 자체에서 찾아야 할 것입니다.

성경이 진정 하나님 말씀인가

우리가 무엇을 맹세할 때는 항상 자기보다 더 크고 확실한 이름을 걸고 하는 것이 보통인데 하나님께서는 하나님보다 더 큰 권위를 가진 것을 찾을 수 없으므로 하나님 말씀인 성경 자체에 스스로 호소할 수밖에 다른 방법이 없습니다. 그래서 성경 스스로가 성경이 하나님의 말씀이라고 기록하고 있는 것입니다. 히 6:13, 딤후 3:16, 벧후 1:21, 요 5:39

"하나님은 아브라함에게 약속하실 때에 가리켜 맹세할 자가 자기보다 더 큰 분이 없으므로 자기를 가리켜 맹세하여"
히 6:13

일곱째, 성경이 베스트셀러 자리를 계속 유지하고 있다는 점입니다

인류 역사상 무수한 책들이 쓰이고 읽혔지만 가장 많이 판매되고 가장 많이 번역되고 가장 많이 읽혀지는 것이 다름 아닌 성경입니다. 성경은 재미있는 책은 결코 아니며, 오히려 따분하고 지루하기 이를 데 없는 책이라고 할 수도 있습니다. 그런데도 성경은 읽혀지는 데만 그치지 않고 순종하게 만듭니다.

+ 하나님을 만나면 보이는 것들 +

예수는 사기꾼이요 기독교인은 정신병자임을 증명해 보이겠다고 장담하는 수많은 성경 비평가들로부터 오랫동안 도전을 받아 왔으나 여전히 건재하며 오히려 수많은 사람들에게 영향을 끼쳤고, 그들의 삶을 변화시켰으며 지금도 계속해서 수많은 사람들을 감동시키고 새사람이 되게 하고 새로운 삶을 살게 합니다.

만약 성경이 거짓이었다면 수천 년 동안 수많은 사람들을 속일 수 있었겠습니까? 링컨이 말한 것같이 "한두 사람을 항상 속일 수 있고, 여러 사람을 한두 번 속일 수는 있을지 모르나, 수많은 사람을 항상 속일 수는 없을 것이다." 성경을 부정하기 위해 이에 도전한 많은 사람들이 하나님을 만나고 예수님을 구세주로 믿게 된 것은 우연한 일이 아닙니다. 이는 바로 성경이 하나님의 말씀임을 증거하는 것이 아니고 무엇이겠습니까?

이상의 것들을 정리하면

첫째, 성경은 살아 계신 하나님의 말씀입니다. 성경은 하나님의 말씀으로 정확무오正確無誤하고, 유일한 법칙이며 표준이므로 신앙과 행위에 관련된 모든 것은 성경에 의해서 판단되어야만 합니다.

둘째, 성경은 하나님께서 성경을 기록한 사람들을 완전히 지배하고 감독하고 지시하여 받아 쓰게 하였으므로 거기에는 인간적 요소와 신적 요소가 함께 공존하고 있으나 하나님은 저자가 지니고 있던 시대적, 문화적인 배경 등을 하나님의 섭리를 성취하는 데 사용하셨을 뿐이므로 성경의 진짜 저자는 하나님이며 성경은 완전한 하나님의 말씀이 되는 것입니다. 딤후 3:16

셋째, 하나님의 계시는 자연이나 역사나 인간의 본성을 통해서도 어느 정도 나타나지만 완전한 계시는 예수 그리스도이십니다. 성경은 예수그리스도를 증언하고 있으므로 성경만이 가장 확실한 하나님의 계시서가 되는 것입니다. 요 5:39

넷째, 하나님의 계시서인 이 성경이 쓰인 목적은 예수가 하나님의 아들이며 그리스도이심을 믿게 하고 이를 믿는 자에게 생명영생을 얻게 하기 위함입니다. 요 20:31

성경이 진정 하나님 말씀인가

+

03

성　　　　경　　　　의

주　　　　　　　요

진　　　　리　　　　는

"한 번 죽는 것은
사람에게 정해진 것이요
그 후에는
심판이 있으리니"

+ 히 9:27 +

+

하나님은 우주만물을
말씀으로 창조하셨습니다

　　하나님은 영靈으로서 전지전능全知全能하시고 무소부재無
所不在하신 분으로 태초에 아무것도 없는 데서 보이는 것, 보이
지 않는 것 모두를 창조하셨으며, 특별히 하나님은 자신의 성
품을 닮은 사람을 만드시고 그 사람에게 우주만물을 다스리
는 권한을 주셨습니다. 창 2:15 하나님은 자신이 창조하신 우주
만물이 잘 관리되고 보전되기 위하여 사람이 지켜야 할 법을

선포하시고 이를 지키도록 명하셨습니다. ^{창 2:15~17}

"여호와 하나님이 그 사람을 이끌어 에덴동산에 두어 그것을 경작하며 지키게 하시고" ^{창 2:15}

"여호와 하나님이 그 사람에게 명하여 이르시되 동산 각종 나무의 열매는 네가 임으로 먹되" ^{창 2:16}

+

사람이 하나님의 법을 어겨 죄인이 되었습니다

하나님은 사람을 창조하시고 그 사람들에게 자유를 주셨습니다. 하나님은 사람을 로봇으로 만들지 않으시고 자유를 주어 스스로 선택할 수 있는 이성적인 존재로 창조하셨습니다. 그렇기 때문에 하나님에게 순종할 수도 있고 거역할 수도 있습니다. 그러나 인간은 본래 하나님을 의지해야만 살 수 있는 존재임에도 불구하고 교만하여 자기 뜻대로 살려고 하였으므로 결국 유혹에 빠져 죄를 짓게 되고 말았습니다. 인간들을

+ 하나님을 만나면 보이는 것들 +

향해서 하나님께서 다음과 같이 말씀하셨습니다.

"동산 각종 나무의 열매는 네가 임의로 먹되 선악을 알게 하는 나무의 열매는 먹지 말라 네가 먹는 날에는 반드시 죽으리라" 창 2:16,17

그러나 "이 열매를 먹으면 너희 눈이 밝아 너도 하나님과 같이 선악을 알게 된다"는 사탄의 유혹에 빠져 이를 먹고 말았습니다. 그때부터 우리 조상인 아담과 하와의 마음속에 죄가 들어와 죄인이 되었고 그 후손들도 죄인이 되어 하나님과의 교제가 끊겨 과거의 영광은 사라지고 인류는 부패하고 타락하게 된 것입니다.

＋

하나님은 죄인이 된 인간을
구원할 계획을 세우시고 이를 실천하였습니다

하나님의 명령에 불순종하는 것이 죄이고, 그 죄의 대가는 사망인 것이 하나님의 법입니다. 그래서 유대인들은 각자가

매년 흠 없는 소나 양을 잡아 자기 목숨을 대신하여 하나님께 제사를 드렸으나 이것이 죄 문제를 해결하는 근본책이 되지 못하였으므로 여전히 죄 문제는 남아 있었습니다.

죄지은 인간이 하나님과 화해하기 위해서는 우리 죄를 대신하여 죄 없는 누군가가 죽어야 하는데 하나님은 오래전부터 이 계획을 세우시고 이를 이루기 위하여 유대 민족을 선택하였습니다. 이들은 마음이 완악하고 강퍅하며 고집이 센 민족이었는데 하나님은 인내를 가지고 이들을 훈련시키셨습니다. 그들이 불순종하면 벌을 주고 또 그들이 잘못을 뉘우치고 회개하면 용서하기를 계속 반복하셨습니다.

하나님께서 이렇게 하신 것은 그들로 하여금 여호와 하나님만이 유일한 신임을 알게 하고 이 민족에게서 인류를 구원할 구세주를 탄생시키기 위해서였던 것입니다.

✦

예수님이 우리 죄를 대신하여 죽으심으로
우리는 죄로부터 완전히 해방이 되었습니다

하나님의 이 놀라운 계획은 약 2,000년 전 유대 땅 작은 고을 베들레헴에서 아기 예수 탄생으로 구체화되기 시작한 것입니다. 예수님은 동정녀 마리아의 몸을 빌려 이 세상에 오신 하나님의 아들로서 사람_{인성을 가진}인 동시에 하나님_{신성을 가진}이시며 끊어진 하나님과 우리 사이를 다시 이어주는 중보자가 되셨습니다.

예수님이 이 세상에 오신 것은 우리를 대신하여 죽으심으로 우리를 죄에서 해방시켜 죄로 인해 끊어졌던 하나님과의 관계를 회복시키기 위한 것입니다. 예수님께서 십자가에 피 흘려 죽으심으로 죄인인 우리도 함께 죽었고, 죽은 지 3일 만에 부활하심으로 우리도 새사람으로 거듭난 것입니다. 즉 우리의 조상 아담의 불순종으로 인하여 우리가 죄인이 된 것같이 예수님이 하나님께 순종하여 십자가에 죽으심으로써 우리 모두가 죄에서 해방되었습니다.

이제 우리는 죄 사함을 받기 위하여 구약시대와 같이 매년 소나 양을 잡아 제사를 드릴 필요가 없게 되었습니다. 왜냐하면 예수님께서 우리 죄를 대신하여 십자가에 못 박혀 돌아가셨으므로 이제 우리 죄는 깨끗이 씻음 받았기 때문입니다. 그러나 이것만으로는 부족합니다. 하나님의 은혜에 대한 나의 의지적 행위가 필요합니다.

+

예수님을 구세주로 믿고
마음에 받아들이면
구원을 받습니다

구약시대에는 모든 사람이 율법^{하나님의 명령}을 지켜야 했으나 예수님이 오셔서 우리 죄를 대신하여 십자가에 못 박혀 죽으심으로써 하나님과 화목하게 된 우리는 율법과 선행과 관계 없이 예수님을 믿음으로써 구원을 얻게 되었습니다. 행 4:12

구원은 결코 행위로는 얻을 수 없습니다. 예수님 이후 율법은 구원의 조건이 아니라 단지 죄를 깨닫게 하는 기능만을 갖게 되었습니다. 믿는다는 것은 예수님께서 나를 대신하여 십자가에서 죽으시고 다시 부활하셨음을 알고 예수님을 나의 구세주로 마음속에 받아들이는 것입니다.

이는 기독교의 교리적인 가르침에 대해 지적으로 동의하는 것에 머물지 않고 예수님을 주인으로 모심으로써 자신의 삶을 전폭적으로 예수님께 맡기고 온전히 순종하는 것을 의미합니다. 즉 믿음은 죄를 심판하시는 하나님의 정의와 인류를 구원하시고자 하는 하나님의 사랑을 받아들이는 것이므로 믿는 자는 정의 편에 서서 이웃을 내 몸과 같이 사랑해야 합니다.

그러나 이러한 행위는 믿음 자체가 아니라 믿음의 외적 증거일 뿐입니다. 밥을 먹으면 배가 부르고 술을 마시면 취하는 것처럼 예수님을 믿으면 자연스럽게 하나님 말씀에 순종하게 되어 있습니다.

이런 반응이 없다면 나의 믿음 자체를 재점검해 보아야 할 것입니다. 믿음이 있으면 선한 행위는 자연스럽게 흘러나올 수밖에 없기 때문입니다. 그러므로 믿음과 행함은 서로 떼어 놓을 수 없는 동전의 양면과도 같은 것입니다.

✦

예수님을 믿으면
나를 돕기 위해
성령님이 내 안에 오십니다

예수 그리스도께서 부활, 승천하신 후 우리를 돕기 위해 성부하나님와 성자예수님로부터 보내심을 받은 분이 바로 성령님이십니다. 성령님은 영원 전부터 성부와 성자와 함께 계시면서 구약시대에도 활동하셨고 성자가 세상에 계실 때도 사역하셨습니다. 그러나 오순절 이후예수님 부활 승천 직후에는 믿는 모든 성도에게 함께하시면서 예수 그리스도께서 이룩하신 구속 사역을 더욱 충만케 하시며 예수님께서 몸소 보이신 사랑을 우리가 실천할 수 있도록 도우시고 계십니다.

성령은 성부와 성자와 동일한 인격을 가진 영靈으로서 보혜사保惠師, 즉 나를 돕기 위해 오신 코치 같은 분이십니다. 그러므로 우리는 성령님을 의지하기만 하면 완전한 구원을 이루게 됨은 물론이고, 순종할 수 있어 하나님이 예비하신 복을 받을 수 있게 됩니다.

+

사람은 반드시 심판을 받습니다

개인과 역사에 종말이 있는 것과 같이 이 세상도 마지막 날이 있기 마련입니다. 그날이 바로 예수 그리스도께서 재림하셔서 모든 사람을 심판하는 날입니다. 심판을 받을 때 이미 죽은 자는 부활하여 심판을 받고, 살아 있는 자는 산 그대로 심판을 받습니다. 그 심판의 결과는 예수님을 믿는 자는 영광의 처소_{천국}로 옮겨지고 불신자는 고통의 처소_{지옥}로 가게 됩니다. 이로써 우리의 구원은 완성되고 하나님 나라가 시작되어 믿는 자는 하나님과 함께 천국에 영원히 거하는 영광을 누리게 됩니다.

바울은 "그리스도를 믿는 자는 결코 정죄 받지 않는다"라고 했습니다._{롬 8:1} 물론 성도도 심판대 앞에 서지만 이미 믿음으로 구원을 받았으므로 그 자리에서 구원 여부를 판단 받지는 않습니다.

그러나 각자의 행위는 평가를 받습니다. 이것이 바로 상급 심판입니다._{고후 5:10, 고전 3:12~15} 이처럼 천국에도 차등이 있으니 부끄러운 구원이 되지 않도록 순종하는 삶을 살아야 합니다. 서로 힘써 사랑하며 위로하고 용서하는 삶을 살아야 합니다.

"한 번 죽는 것은 사람에게 정해진 것이요 그 후에는 심판이 있으리니"_{히 9:27}

04

하 나 님 은

사 람 을

어 떻 게

다 스 리 시 나

"한 사람이면 패하겠거니와

두 사람이면 맞설 수 있나니

세 겹줄은 쉽게 끊어지지

아니하느니라"

+ 전 4:12 +

제4상
하나님은 사람을
어떻게 다스리시나

+

성경에서
해답을 찾을 수 있습니다

성경에 나오는 인물들은 우리와 같은 성정性情을 지닌 사람들이었으나 그들의 비상한 믿음 때문에 세상에 얽매여 있는 삶이 특별한 운명으로 바뀌었습니다. 그러므로 성경에 나오는 인물들의 생애를 주의 깊게 살펴보면 하나님이 인간을 어떻게 다스리는가를 어렴풋이나마 알 수 있게 됩니다. 그래서 성경에 나오는 인물들의 삶 속에서 해답을 찾아야 합니다.

하나님은 선장이 선박을 조정하듯이
우주만물과 인간을 다스리십니다

하나님은 이 세상을 창조하시고 지금도 여전히 다스리고 계십니다. 그러므로 엔진을 가동시켜 놓고 뒤로 물러나 방관하는 모습이 아니라 선장이 손수 키를 쥐고 배를 조정하며 안전한 항해를 해나가듯이 이 세상에서 일어나는 모든 일이 하나님의 계획과 간섭 안에서 이루어집니다.

이 세상에 하나님과 무관한 일은 하나도 없습니다. 사람은 자유롭게 행동할 수 있으나 결코 하나님의 계획을 좌절시키지는 못합니다. 사람의 강퍅함이나 불순종으로 인하여 하나님의 계획이 잠시 방해를 받을 뿐이지 하나님의 계획은 차질 없이 이루어집니다.

그러므로 나에게 일어나는 크고 작은 일들은 우연히 생긴 것이 아니라 하나님의 계획안에 있는 일이며, 하나님이 허락하신 일들입니다. 그래서 하나님의 섭리를 믿는 사람은 그 어떤 일도 운명이나 우연이라고 말하지 않습니다.

하나님이 일 하실 때 사용하는 도구는
제한을 받지 않습니다

하나님은 일하실 때 도구로 사람을 사용하기도 하고 때론 사탄을 사용하기도 하십니다. 또 기적과 같은 특별법칙을 사용하기도 하고 자연법칙을 사용하기도 하며 사회규범과 각종 사회제도를 사용하기도 하십니다.

그러므로 그리스도인이 자연법칙을 거스른다면 그들이 갖는 기독교 신앙이 그 결과인 재앙을 면제해 주지 않을 것이며, 교통법규를 지키지 않으면 생명을 잃을 수도 있고, 열심히 공부하지 않으면 시험에 불합격될 수밖에 없습니다. 그런데도 우리는 기적과 같은 초자연적인 역사만이 하나님이 하신 일이라고 생각하는 경향이 있는데 이건 매우 잘못된 판단입니다.

이런 예화가 있습니다.

"어느 지역에 큰 홍수가 났습니다. 그때 어떤 장로님이 자기 집에 물이 차 오자 지붕 위로 피신해 하나님께 구해 달라고 기도했습니다. 잠시 후 뗏목을 타고 탈출하는 사람들이 함께 탈출하자고 제안했으나 하나님께 기도했으니 괜찮다고 그들을 그냥 보내고 말았습니다. 물이 계속 불어나자 구조대원들이 구명보트를 타고 구조하러 왔습니다. 이번에도 기도했으니 하나님이 구해 주실 것이라고 거절하고 그들을 돌려보냈습니다. 물이 더욱 불어나자 이제는 헬리콥터가 날아와 줄사다리를 내려주면서 빨리 타라고 소리쳤으나 장로님은 그들도 거절했습니다. 물은 계속 불어나 장로님은 마침내 익사하고 말았습니다. 그 후 하늘나라에서 하나님께 여쭈어 보았습니다. 하나님! 왜 제가 기도를 드렸는데도 저를 구해 주시지 않았습니까? 얘야! 내가 세 번이나 너를 구하려 사람을 보냈는데 너는 다 거절 하더구나……."

+

하나님을 믿는 자, 믿지 않는 자를 차별하지 않고
똑같이 햇볕과 비㈜를 내려 주십니다

믿지 않는 자는 사형선고를 받아 돌이킬 수 없는 자가
된 것이 아니라 머지않아 회개하고 돌아올 예비자녀이므로 하나님은 똑같이 햇볕도 주시고 비도 주십니다.

그럼 믿는 자와 믿지 않는 자의 차이가 없다는 말입니까? 아닙니다. 중요한 차이가 있습니다. 믿지 않는 자들은 자신이 주인이므로 항상 염려하고 걱정하며 살 수밖에 없지만, 믿는 자들은 하나님이 나의 아버지가 되어 삶의 세미한 부분에 이르기까지 간섭하시고 돌봐 주신다는 믿음을 가지고 살아가므로 두려움으로부터 자유롭고 마음의 참된 평안을 누릴 수 있게 됩니다.

더 중요한 것은 마지막 심판에서 믿음이 천국과 지옥을 구분하는 절대기준이 되므로 믿는 자만이 천국을 소유하게 되는 것입니다.

+

하나님은 우리에게
연대책임을 물으십니다

다윗 왕이 전쟁에 참여할 수 있는 병력을 알아보기 위해 전국적으로 인구조사를 실시했습니다. 이는 다윗 왕이 하나님보다는 사람을 더 의지하였으므로 하나님은 이들에게 백성 7만 명이 전염병으로 죽는 벌을 내리셨습니다. 그러므로 우리는 대통령이, 사장이, 목사가, 가장이 잘못하는 것을 방관해서는 안 되고 이들을 위해 기도하고 조언하고 잘못을 지적해 주어야만 합니다. 지도자 한 사람의 잘못으로 공동체가 어려워지면 피해는 고스란히 구성원의 몫으로 남기 때문입니다.

최근에 분쟁을 겪는 교회들이 늘어나고 있는데 주요 원인은 담임목사에게 권한이 집중되어 있기 때문입니다. 교회를 쓰러뜨리려는 사탄은 권한이 집중된 담임목사만 집중적으로 공격을 하게 됩니다.

사탄이 담임목사 한 사람을 쓰러뜨리는 것은 어렵지 않으나 담임목사를 포함한 당 회원 전체를 쓰러뜨리는 것은 쉽지 않으므로 당회가 활성화되어 교회의 제반 문제가 당회에서 민주적으로 결정되는 시스템을 갖춘다면 교회분쟁은 많이 줄어들 것입니다.

"한 사람이면 패하겠거니와 두 사람이면 맞설 수 있나니 세 겹줄은 쉽게 끊어지지 아니하느니라" 전 4:12

+

하나님의 약속은
언제나 조건적입니다

　우리가 그리스도인이기 때문에 하나님의 약속이 자동으로 이루어지는 것은 아닙니다. 하나님의 약속은 언제나 조건적입니다. 이 말은 하나님의 약속은 그 분의 때에 그 분의 방법으로 성취된다는 의미입니다. 그러므로 하나님의 약속은 우리가 원하는 때에 우리가 원하는 방법이 아니고 하나님의 때에 하나님의 방법으로 이루어 주신다는 것입니다.

　하나님이 가나안 땅을 아브라함 후손에게 주겠다고 약속하셨습니다.창 12:7 그런데 그 약속이 이루어지기까지는 수백 년이 걸렸으며수 12장 가나안 땅을 차지하는 방법도 하나님의 천사들이 내려와 가나안 일곱 족속을 몰아낸 것이 아니라 이스라엘 백성들이 전쟁을 통해 가나안 땅을 정복한 것이었습니다.민 33:53 하나님이 약속한 땅인데도 불구하고 이스라엘 백성이 믿음을 가지고 하나님께 순종하였을 때에는 전쟁에서 승리하였지만, 불신앙으로 배신한 때는 여지없이 패배하고 말았던 역사가 있습니다.

하나님의 약속에 대하여 우리 쪽에서는 항상 순종하며 끈기와 인내로 기다려야만 합니다. 이것이 바로 약속을 믿고 바라는 믿음입니다.

✛

하나님은 우리를 충분히 훈련시켜 사용하십니다

하나님께서는 어떤 사람에게 일을 맡기기 위해서는 그 사람이 그 일을 잘 감당할 수 있는 능력과 자격을 갖출 때까지 훈련을 시키시고 기다리십니다. 그 대표적인 사람이 바로 모세입니다. 이스라엘 민족을 이집트_{애굽}에서 탈출시키는 일을 맡기기 위해 모세를 40년간 이집트 왕실에서 엘리트 교육을 시켰고 그 후 40년을 광야에서 양을 치는 목자로 지도자 교육을 시킨 다음 이스라엘 민족을 구출하는 사명을 부여했던 것입니다.

이스라엘 민족이 이집트를 탈출하여 목적지인 가나안에 도착하는 데는 2개월이면 충분한데 40년간 광야생활을 시킨 것은 목이 곧고 고집이 센 이스라엘 민족을 하나님 마음에 합한 민족, 즉 순종하는 민족으로 다듬으시기 위해서였던 것입니다.

하나님은 우리를 사랑하시지만 태풍을 없애주지 않고 우리가 태풍을 견디어 내도록 힘을 주시고 응원하신다는 것과 동일한 의미이기도 합니다. 그러므로 하나님의 일꾼이 되기 위해서는 반드시 광야학교를 졸업해야만 합니다. 요셉도 다윗도 바울도 이런 과정을 충분히 경험했습니다.

훈련의 강도는 보행자와 경주하여 이기는 정도가 아니라 말(馬)과 경주하여 이길 수 있는 수준까지 시키신다고 하셨습니다. 렘 12:5 반드시 그 훈련을 통과해야만 합니다. 막연하게 훈련 없는 축복을 기대해서는 안 됩니다.

하나님은
최선을 다하는 자를 돕습니다

하나님이 모든 일을 주관하신다고 해서 모든 일을 하나님이 독점하시는 게 아닙니다. 하나님은 사람이 할 수 있는 일은 사람의 몫으로 남겨둠으로 내가 지금 하고 있는 이 일이

하나님은 사람을 어떻게 다스리시나

바로 하나님의 일인 것입니다. 그러므로

"무슨 일을 하든지 마음을 다하여 주께 하듯 하고 사
람에게 하듯 하지 말라" 골 3:23

즉 최선을 다 해야 합니다. 그리고

"나의 원대로 마옵시고 아버지의 원대로 하옵소서"

마 26:39, 막 14:36, 눅 22:42

이런 기도와 함께 열심히 일해야 합니다. 그리하면 하
나님께서 내가 하는 일에 열매가 있게 하시고 나를 귀한 하나
님의 용사로 사용하실 것입니다.

이런 이야기가 있습니다.

우리나라에 처음 복음이 들어왔을 때 주로 낮은 신분의
사람들이 예수님을 믿었습니다. 그중 예수님을 신실하게 잘 믿
는 한 마부馬夫가 자신이 모시고 있는 왕손에게 복음을 전하고

+ 하나님을 만나면 보이는 것들 +

싶어 기회를 엿보고 있었습니다. 그러던 어느 날 좋은 기회가 왔습니다. 그 마부가 왕손을 모시고 지방으로 내려가게 된 것입니다. 이 기회를 놓치지 않고 "나리, 예수님을 믿으시지요." 하고 권했습니다. "야, 이놈아, 네까짓 상놈이 예수 잘 믿으면 누가 양반이라도 시켜 준다더냐?" 이 말을 들은 마부가 "나리, 예수님을 믿는 도리는 그런 것이 아닙니다. 제가 예수님을 잘 믿으면 양반이 되는 것이 아니라 마부 노릇을 더 잘 하게 되는 것이지요." 이 말은 왕손에게 평생 잊을 수 없는 메시지가 되었습니다.

하나님은 합력하여
선을 이루게 하십니다

우리가 살아가면서 실패한 그 순간은 매우 아프고 고통스럽지만 인생 전체를 놓고 보면 실패가 결코 무의미한 것이 아니라 성공을 위한 밑거름이 된다는 것을 알게 됩니다.

하나님은 우리의 실패, 고난 등을 성공을 이루는 데 없어서는 안 될 중요한 밑거름으로 사용하시므로 우리는 어떤

어려운 상황이나 처지에서도 절망하지 말고 항상 감사하며 소망을 가지고 최선을 다해야만 합니다. 롬 8:28

"하나님은 미쁘사 너희가 감당하지 못할 시험 당함을 허락하지 아니하시고 시험 당할 즈음에 또한 피할 길을 내사"

고전 10:13

"그는 넘어지나 아주 엎드러지지 아니함은 여호와께서 그의 손으로 붙드심이로다" 시 37:24

무엇이 두렵겠습니까? 그저 고맙고 감사할 뿐입니다.

+

순종하는 자에게는 복을
불순종하는 자에게는 벌을 주십니다

하나님은 인간에게 자유의지를 주어 스스로 자신의 삶을 선택할 수 있게 하셨습니다. 즉 인간을 단순한 로봇으로 만들지 않으시고, 선이든 악이든 순종이든 불순종이든 스스로 선택할 수 있는 자유를 주셨습니다. 물론 그 선택에 대한 책임은 자신이 져야 합니다.

그래서 하나님은 성경 말씀을 잘 지키는 자, 즉 사랑하는 자에게는 복을 주시고 그렇지 않는 자에게는 벌을 주신다고 하셨습니다. 그러나 불순종한 자가 회개하고 용서를 빌면 용서는 하시지만 죗값은 반드시 치르게 하십니다.

우리의 믿음이 구원의 조건이라면 사랑은 이 세상을 사는 동안에는 복의 조건이 되고, 천국에 가서는 상급_{賞給}의 조건이 되는 것이니 고전 3:12~15, 고후 5:10 부끄러운 구원이 되지 않도록 최선을 다해 사랑_{순종}해야 합니다.

"그런즉 믿음, 소망, 사랑, 이 세 가지는 항상 있을 것인데 그 중의 제일은 사랑이라" 고전 13:13

우리가 하나님의 나라와 의義를 구하면
하나님은 우리에게 먹을 것 마실 것 입을 것을
덤으로 주십니다

하나님의 나라와 의를 구하는 삶이란 믿음을 가지고 본질에 충실한 삶을 사는 것입니다. 그럼 어떻게 사는 것이 본질에 충실한 삶일까요?

의사가 돈벌이보다는 환자를 치료하는 일을, 교사가 승진보다는 가르치는 일을, 정치인이나 공직자가 명예나 입신양명보다는 국민을 섬기고 국민에게 봉사하는 것을 더 중요시하는 것이 바로 본질에 충실한 것이라고 생각합니다.

이렇게 우리가 본질에 충실할 때 하나님은 우리에게 먹을 것, 마실 것, 입을 것을 보장해 주겠다고 약속하신 것입니다. 마 6:31~33

하나님은 주인이고 우리는 그분의 일꾼입니다. 주인은 일꾼들을 돌볼 책임이 있고, 일꾼들은 주인을 위해 충성을 다할 의무가 있는 것입니다. 이를 직장생활에 적용해 보면 일꾼인 직원들은 회사 일을 내 일처럼 최선을 다해야 하고, 주인인 기업주는 직원들이 생활하는 데 어려움이 없도록 돌봐 주어야 합니다. 이것이 바로 하나님의 나라와 의를 구하는 삶인 것입니다.

+

하나님은 고난을 통하여
우리를 다듬으십니다

우리가 당하는 고난시험에는 두 가지가 있습니다. 사탄이 우리를 넘어뜨리려는 유혹이 있고, 하나님이 우리를 훈련시키기 위해 주시는 시련이 바로 그것들입니다.

첫 번째로 사단이 주는 유혹은 사람으로 하여금 물질과 명예와 권력에 대한 욕심을 갖도록 유혹하여 우리로 하여금 넘어지고 쓰러지게 한다는 것입니다. 이때 우리는 사탄의 유혹에 대항하기 위하여 말씀으로 담대하게 맞서야만 합니다.마 4:1~11

정당하지 않은 방법으로 물질을 얻으라는 유혹에 대하

여는 "사람이 떡으로만 사는 것이 아니요 여호와의 입에서 나오는 모든 말씀으로 사는 줄을 네가 알게 하려 하심이니라"라는 신 8:3 말씀으로, 성전 꼭대기에서 뛰어내려 너의 위대함을 보이라는 유혹에 대하여는 "주 너의 하나님을 시험하지 말라"는 신 6:16 말씀으로, 눈에 보이지 않는 영적 정결함 보다는 눈에 보이는 권력을 좇으라는 유혹에 대하여는 "주 너의 하나님을 경배하고 다만 그를 섬기라"는 신 6:13 말씀을 붙들고 담대히 맞서야 합니다. 이렇게 하지 않고 살다가 유혹에 빠져 범죄를 저질렀다면 회개하고 잠잠히 하나님의 처분을 기다려야만 할 것입니다. 그리하면 대가를 치르게 한 다음 곧 회복시켜 주실 것입니다.

두 번째로 하나님이 주시는 시련은 우리의 삶 가운데서 버려야 할 것들을 제거하기 위해 우리를 아프게 하시는 것이므로 그리스도인은 하나님이 주시는 고난을 감사해야 합니다. 하나님께서 나를 낮추시고 시험하신 것은 마침내 내게 복을 주기 위해서 입니다. 신 8:16

우리가 고난을 당할 때 욥처럼 하나님께 초점을 맞추고

하나님만을 찬양하고 경배해야 합니다. 욥 1:20~22, 2:10 그러면 시
련은 하나님이 예비하신 복이 되고, 은총의 도구가 되는 것입
니다.

＋

하나님은 우리로 하여금
천국을 소망하게 하십니다

여행이 즐거운 것은 여행을 마친 후 돌아가 편히 쉴 수
있는 가정이 있기 때문입니다. 그리스도인이 이 세상을 즐겁게
살 수 있는 것은 우리에게 죽음은 끝이 아니라 새로운 시작이
며 우리는 천국에 간다는 소망이 있기 때문입니다.
　그리스도인에게 죽음은 친구와 재미있게 놀고 있는데
저녁때가 되어 아버지의 부름을 받고 아쉽지만 집으로 돌아가
는 것 그 이상도 이하도 아닙니다.

천상병 시인의 시 「귀천歸天」이 그 의미를 잘 설명해주고
있다고 할 수 있습니다.

하나님은 사람을 어떻게 다스리시나

나 하늘로 돌아가리라
새벽빛 와 닿으면 스러지는
이슬 더불어 손에 손을 잡고

나 하늘로 돌아가리라
노을빛 함께 단둘이서
기슭에서 놀다가 구름 손짓하면은

나 하늘로 돌아가리라
아름다운 이 세상 소풍 끝나는 날
가서 아름다웠더라고 말하리라

05

기   도   는

하   나   님

사   랑   에   대   한

반   응   이   다

"하나님의 뜻대로 구하면

그렇게 해 주마라고

할 것이고"

+ 출 9:33, 왕하 13:4~5 +

제5장
기도는 하나님 사랑에 대한
반응이다

+

기도는
대화입니다

　　　　기도는 하나님 말씀을 매개체로 한 하나님과의 대화입
니다. 아버지와 아들이 마주 앉아 아버지의 말씀을 듣기도 하
고 어렵고 궁금한 것은 질문도 하고 부족한 것은 달라고 떼를
쓰기도 하는 것이 바로 기도입니다. 하나님은 우리가 원하는
바를 언제나 들어 주시는 것은 아니지만 우리가 당신에게 말
을 걸어오기를 고대하십니다.

그러므로 우리 생활에서 일어나는 모든 것을 기도로 구해야 합니다. "점심은 무엇을 먹을까요? 외출을 하는데 어떤 옷이 좋을까요? 친구에게 안부 전화를 지금 할까요?" 이렇게 매사를 기도로 구하면 나의 모든 삶이 하나님의 특별한 간섭 아래 놓이게 되어 하나님의 응답을 통해 살아가게 되는 은혜를 입게 되는 것입니다. 하나님은 우리의 기도를 결코 가볍게 여기는 분이 아니십니다. 시 103:13

기도에는 격식이 정해져 있는 것은 아니지만 하나님을 향한 찬양과 경배, 죄에 대한 자백, 하나님께 드리는 감사, 필요에 대한 간구, 타인을 위한 중보, 예수님의 이름으로 기도, 아멘, 이런 순서로 기도하면 중언부언하지 않고 균형 잡힌 기도를 할 수 있습니다.

+

늘 깨어
기도해야 합니다

성도는 기도하는 제사장으로 부름 받은 자들입니다. 늘 깨어 기도하면 살전 5:17 두 가지 일이 일어납니다.

첫째, 기도응답을 방해하는 죄악^{시 66:18}, 우상숭배^{겔 14:4}, 의심^{약 1:6-7}, 정욕^{약 4:3}, 인색함^{잠 21:13}, 용서하지 않음^{막 11:25}, 아내를 귀하게 여기지 않음^{벧전 3:7} 등이 하나님의 마음에 합당한 것으로, 하나님이 기뻐하시는 것으로 바뀐다는 것입니다.

둘째, 우리가 늘 깨어 기도하면 하나님의 뜻을 알게 되고, 하나님의 뜻을 알면 하나님의 뜻에 맞게 구하며 살게 되므로 하나님께서 우리의 기도를 들으신다는 것입니다.^{요일 5:14}

우리는 무언가를 달라고 많이 기도합니다. 그것도 반복해서……. 그런데 하나님은 우리가 달라고 구하기 전에 나에게 필요한 것이 무엇인지 다 알고 계시는 분이십니다.^{마 6:8} 그러므로 응답이 늦어지는 것은 아직 때가 아니든지, 아니면 내 편에 준비가 되어 있지 않기 때문인데도 불구하고 우리는 매우 조급증을 내기 일쑤입니다.

그럴 때는 이런 방법을 사용하면 어떨까요? 나에게 필요한 열 가지 중 내게 없는 한 가지를 달라고 매달리기보다는 이미 주신 아홉 가지에 감사하는 기도를 드리는 것입니다. 그리하면 기도가 일^{노동}이 아니고 즐겁고 신바람 나는 생활이

기도는 하나님 사랑에 대한 반응이다

되므로 쉬지 않고 기도할 수 있게 되는 것입니다.

+

하나님은 우리의 기도에
이렇게 응답하십니다

하나님은 나의 아버지입니다. 나의 아버지는 이런 분이
십니다. "너희 중에 누가 아들이 떡을 달라 하는데 돌을 주며
생선을 달라 하는데 뱀을 줄 사람이 있겠느냐 너희가 악한 자
라도 좋은 것으로 자식에게 줄 줄 알거든 하물며 하늘에 계신
너희 아버지께서 구하는 자에게 좋은 것으로 주시지 않겠느
냐"고^{마 7:9~11} 말씀하시는 분이십니다.

**하나님은 우리의 기도를 들으시고 이렇게 응답해 주십
니다.**

첫째, 하나님의 뜻대로 구하면 그렇게 해 주마라고 할
것이고 출 9:33, 왕하 13:4~5,

둘째, 변화가 전혀 없는 자를 깨닫게 하기 위해서는 안 된다고 할 것이며 신 1:45,

셋째, 회개가 필요할 때, 영적으로 훈련시킬 필요가 있을 때는 아직 때가 아니니 더 기다리라고 할 것이며 시 22:1~2,

넷째, 또 내가 구하는 것보다 더 많이 더 좋은 것을 주기도 하시고 대하 1:12, 왕상 3:12~14,

다섯째, 내가 구하는 것과는 다른 것을 주기도 하십니다. 출 33:18~23

+

기도할 때
마음에 담아둘 것들

첫째, 하나님의 기도응답은 내가 원하는 때가 아니라 하나님이 정한 때에, 내가 원하는 방식이 아니라 하나님이 정한 방식으로 응답해 주십니다.

둘째, 구약시대는 음성, 환상, 꿈, 선지자, 사건사고 등 아주 다양한 방법으로 응답하셨지만 지금은 주로 하나님의 말씀인 성경을 통해 내 마음속에 생각을 일으키고, 계획을 세우게 하고, 비전을 갖도록 하십니다.

셋째, 기도의 정수精髓는 예수님이 돌아가시기 직전 겟세마네동산에서 드린 "내 아버지여 만일 할 만하시거든 이 잔을 내게서 지나가게 하옵소서. 그러나 나의 원대로 마옵시고 아버지의 원대로 하옵소서"마 26:39 이 기도라고 생각합니다. 이렇게 기도하는 것은 기도응답은 전적으로 하나님의 권한임을 인정하고, 하나님께 온전히 맡기는 것이기 때문입니다.

기도는 하나님 사랑에 대한 반응이다

06

이   해   가
잘   안   되   는
것   들

"예수님이 이 땅에 오신 후에는

예수님을 통하지 않고는

구원이 불가능하므로"

+ 행 4:12, 요 14:6 +

+

왜 악한 사람이
착한 사람보다 잘 사는가

하나님은 공평하고 의로운 분이신데 왜 이런 일이 일어
날까요? 하나님이 악한 자나 착한 자를 차별하지 않으시고 똑
같이 비와 햇볕을 주시는 것은 악한 자를 당장 없애버릴 대상
으로 여기시지 않으시고 그들에게서 변화될 가능성을 보시기
때문입니다.

또 하나님은 사회의 각종제도와 규칙 그리고 자연법칙

등을 가지고 세상을 통치하므로 악한 사람들도 열심히 노력하면 사업에 성공할 수 있고 시험에 합격할 수 있습니다. 그러나 이것은 한 순간일 뿐입니다.

그들이 끝까지 회개하지 않는다면 농부가 추수 때에 알곡은 창고에 들여 잘 보관하지만 쭉정이는 아궁이에 넣어 불태워 버리는 것과 같이 하나님께서도 마지막 때에 악한 자들의 말과 행동을 심판하신다고 약속하셨습니다. 유 1:14~16

한 순간을 놓고 보면 악한 자가 잘 되고 풍요로워 보일지 모르지만 일생을 두고 길게 보면 악한 자들이 소유한 많은 것들은 결국 착한 자들을 위해 쓰일 뿐입니다. 수 24:13

하나님은 사랑하는 자를 더욱 훈련시키고 매를 때리시는데 이는 착한 자들에게 더 크고 더 좋은 것을 주시기 위한 하나님의 사랑 때문입니다. 행복은 고통의 보자기로 쌓여 있다고 하지 않습니까? 그러므로 착한 사람들이 겪는 아픔과 고난은 결코 무의미한 것이 아니고 앞으로 올 행복의 밑거름이며 디딤돌이 되는 것입니다. 롬 8:28

이렇게 볼 때 하나님의 최고의 심판은 유기遺棄, 즉 자기 마음대로 살도록 내버려 두는 것입니다. 시 81:11~14

+

왜 아기가
장애를 갖고 태어나는가

"태어날 때부터 불구인 자가 자신의 죄 때문입니까 아니면 부모의 죄 때문입니까" 이 질문에 예수님은 "본인의 죄도 부모의 죄도 아니다 이런 일이 일어나게 된 것은 이 사람에게서 하나님의 일이 나타나기 위해서이다"라고 말씀하셨습니다.요 9:1~3 장애를 보는 올바른 자세는 그것을 죄의 결과로 돌리지 말고 오직 하나님의 영광이 나타날 수 있는 기회로 보라는 것입니다.

우리는 여기서 장애가 하나님의 뜻이라는 것과 장애인이지만 당당하게 살아가는 것이 하나님께 영광을 돌리는 것임을 알 수 있게 됩니다. 이제 우리가 먼저 할 일은 장애를 치료하기 위해 많은 노력과 연구를 투입하는 것이고, 다른 하나는 장애인들이 불편 없이 생활하도록 사회 시스템을 개선하는 것입니다.

장애인과 비장애인 간에 차이가 있다면 소수집단에 속하느냐, 다수집단에 속하느냐, 그 차이인데 현 사회가 다수인 비장애인 중심으로 구성되고 조직되어 있다 보니 소수인 장애인을 배려하지 못하는 모습이 많이 있는 것이 사실입니다.

그러므로 이를 개선해 나가는 것이 바로 기독교인들이 할 일이고 하나님께 영광을 돌리는 일이라고 생각합니다.

+

왜 전쟁, 학살 등으로 수많은 사람들이 죽어야 하는가

하나님은 인간의 자유의지를 존중하십니다. 인간이 하나님의 명령에 불복종 할 줄 알면서도 로봇이나 인형처럼 만들지 않으시고 인간에게 선악을 선택할 수 있는 자유를 주셨습니다.

구원마저도 하나님은 강요하지 않고 인간의 자유선택에 맡기고 있는 것입니다. 그래서 전쟁이 일어나 많은 사람이 죽고, 히틀러가 유대인 600만 명을 학살하는 일이 벌어지기도 한 것입니다. 이러한 일들로 하나님의 의로우심과 선하심이 의심받게 되는데도 불구하고 하나님은 인간이 인간다워지도록 자유를 주시고 자유의지를 존중해 주는 것입니다.

하나님은 인간들이 하나님을 사랑하고 이웃을 내 몸 같이 사랑하는 일에 자유의지를 사용하기를 바라며 묵묵히 기다리고 계신다고 믿습니다.

+

왜 가뭄, 홍수, 쓰나미와 같은 자연재해로
수많은 사람들이 피해를 당해야 하는가

하나님은 필요에 따라서는 특별법칙기적을 사용하기도 하지만 보통의 경우에는 자연법칙을 사용하여 우주만물을 다스리십니다. 중력重力의 법칙을 생각해 보시기 바랍니다. 중력의 법칙에 의해 무거운 물건은 땅을 향해 떨어지기 때문에 사람들이 땅을 밟고 살아갈 수 있는 것입니다. 그러나 또 한편으로는 중력 때문에 넘어지고 옥상에서 떨어지고 물에 빠지면 가라앉기도 합니다. 그러므로 우리는 중력이 없으면 살 수 없지만 이로 인한 위험도 감수해야만 합니다.

마찬가지로 가뭄, 홍수, 지진 같은 자연재해로 많은 인명피해가 발생하지만 생태계의 균형유지를 위하여 지구보전을 위하여 하나님은 불가피하게 이 방법을 사용하신다고 믿습니다. 흔한 감기몸살로 병원을 찾았는데 전혀 예상치 못했던 큰 병을 조기에 발견하여 완치된 것처럼 가뭄, 홍수, 지진 같은 자연재해도 생태계를 살리고 지구를 보전하는 데 필요악이 될 수 있습니다.

또 자연재해로 희생된 많은 사람들이 특별히 죄가 많아서가 아닙니다. 우리를 회개로 부르는 것입니다.눅 13:4-5

유대인들은 각종 재난을 범죄자에 대한 형벌로 여겼으나 하나님의 징벌이 반드시 인과응보[因果應報]론적으로 가해지는 것은 아닙니다. 자연재해로 인한 우리 형제자매들의 희생은 나에게 회개와 회심을 명하는 하나님의 경고로 받아들여야 할 것이 마땅한 일이라고 생각합니다.

성경에 나오는 많은 기적을
어떻게 이해할 것인가

첫째, 기적은 존재합니다

모세가 홍해 앞에서 기도하자 자연법칙이 일시적으로 멈추고 바닷물이 갈라지는 기적이 일어났습니다. 예수님은 배에서 폭풍을 두려워하고 있는 제자들에게 물 위를 걸어서 오실 때 중력과 부력의 법칙을 잠시 중지시켰고 눈먼 자, 말 못하는 자, 하반신이 마비된 자, 나병을 앓는 자를 고치시고 죽은 자를 살려 내셨습니다. 그런데 이러한 일들은 현재까지 알려진 과학의 지식으로는 용납될 수 것들입니다.

그러면 기적은 절대 없는 것일까요? 기적이 없다고 주장하는 것은 정상적인 과학적 사고가 아니라 잘못된 과학주의적 독단론scientism에 근거한 것일 뿐입니다.

왜냐하면 과학주의scientism는 과학적 방법만이 진리를 발견할 수 있고 과학적 지식만이 우리가 믿을 수 있는 유일한 지식이라고 믿는 사상인데, 이 주장 자체를 과학적으로 증명할 수 없기 때문에 이것도 하나의 신앙믿음일 수밖에 없는 것입니다. 즉 기적이 불가능하다는 것은 증명된 사실이 아니라 과학주의자들의 믿음에 불과할 뿐입니다.

그러므로 기적은 분명히, 그리고 반드시 존재합니다. 그러나 실제로 기적을 경험하는 것은 매우 드뭅니다. 하나님께서는 분별없이 자신이 만든 자연법칙을 자주 중지시키지는 않기 때문입니다.

둘째, 하나님이 기적을 허락하신 목적이 있습니다

여호와 하나님은 자신만이 참 신^神임을 알게 하고 예수님이 하나님의 아들 그리스도라는 것을 널리 알려 그를 믿어 생명을 얻게 하려고 _{요 20:31} 기적을 허락하셨습니다.

구약시대의 선지자들과 신약시대의 사도^{師徒}들이 기적을 일으키곤 했는데 하나님이 그런 능력을 준 것은 이들이 하나님의 일꾼임을 알게 하고 이들이 전하는 메시지_{message}가 거짓이 아니고 참됨을 확증해 주시려고 _{막 16:20} 했기 때문입니다.

예수님은 복음을 전파하기 위해 제자들에게 "귀신을 쫓아내며 방언을 말하며 뱀을 집어 올리며 독을 마실지라도 해를 받지 아니하며 병든 사람에게 손을 얹은 즉 나으리라"_{막 16:17~18} 하시고 기적을 일으키게 하셨습니다. 모든 은사는 하나님이 각 공동체의 필요에 따라 나누어 주시는 것이므로 이런 기적이 언제 어디서나 일어나는 게 아니라 정말로 복음 전파에 필요할 때에만 하나님이 주시는 것입니다.

결론적으로 기적의 참된 목적은 복음을 전파하여 하나님께 영광을 돌리기 위함입니다. _{막 16:20}

셋째, 기적은 우리로 하여금 가능성을 믿게 하고 도전하게 합니다

수세기 전만해도 날개 없는 인간이 하늘을 나는 것은 과학적 사고에 위배되는 기적이었지만 그럼에도 불구하고 기적의 가능성에 대한 믿음이 과학을 발전시켜 드디어 뜻을 이루게 된 것입니다.

예수님이 눈먼 자와 말 못하는 자를 치료하고, 하반신이 마비된 자를 일으키는 기적을 보고 이에 도전하여 오늘날과 같이 의학이 크게 발달하였다고 생각합니다.

앞으로 더 놀라운 일이 일어날 것으로 예측됩니다. 이렇게 기적에 대하여 가능성을 믿고 도전하면 하나님은 그들의 눈을 열어 보게 하시고, 그들의 마음을 열어 깨닫게 하셔서 의학과 과학이 크게 발전함은 물론, 우리의 삶도 더 풍요로워질 것입니다. 이렇게 하나님은 준비된 자에게 기회를 주고, 들어 사용하십니다.

예수님만이 유일한 구원의 길이요
천국 가는 길이라고 말하는 것은
독선적이고 자기중심적인 교리가 아닌가

많은 사람들의 생각은 구원받고 천국에 가는 길은 기독교만이 아니라 다른 종교로도 가능하고, 또 성실하고 선하게 살면 천국에 갈 수 있다고 생각합니다. 그러나 성경은 예수님 말고는 어느 것으로도 구원을 얻거나 천국에 갈 수 없다고 분명히 말하고 있습니다. 행 4:12, 요 14:6

백번 양보하여 성실과 선행으로 천국에 갈 수 있다고 하더라도 과연 인간이 천국에 갈 수 있을 만큼 성실하고 선하게 살 수 있을까요? 불가능하다고 생각합니다. 그래서 하나님은 죄인인 나를 대신하여 죽으신 예수님을 인정하고 구세주로 받아들이는 그 믿음을 천국에 가는 조건으로 삼으신 것입니다.

이 세상에는 수많은 종교가 있습니다. 기독교 이외의 다른 종교에서도 표현을 달리할 뿐이지 하나님을 다 인정하고 있습니다. 그러나 기독교처럼 하나님이 주인공이 되셔서 전적으로 관여하시고, 계시하시고, 영감을 주며, 조명照明하신 종교는 없습니다. 사실은 언제나 하나밖에 없듯이 진리, 또한 하나밖에 있을 수 없습니다.

다른 이에게서는 구원을 얻을 수 없습니다. 하늘 아래에 우리가 구원받을 수 있는 다른 이름이 인간에게 주어진 일이 없다는 성경 말씀과행 4:12 예수님께서 "내가 곧 길이요 진리요 생명이니 나로 말미암지 않고는 아버지하나님께로 올 자가 없느니라"라는 성경 말씀이요 14:6 거짓이라면 성경 전체는 사기이고 기독교는 절대 거짓 위에 세워진 인류 최대의 사기 사건이 되는 것입니다.

하나님이 살아 계시고 성경이 하나님의 말씀인 것 같이 오직 예수님만이 구원과 천국에 이르는 유일한 길임을 믿어야 합니다.

예수님을 믿지 않으면
하늘나라에 갈 수 없다면
예수나 기독교를 들어 본 일 없이
죽은 사람은 너무 억울하지 않은가요

예수님이 오시기 전 즉 구약시대에는 유대 민족만이 하나님의 백성이었고 다른 민족은 모두 이방인이었으므로 이들은 하나님으로부터 직접 계시를 받지 못했습니다. 그러나 예수님 이후에는 이방인에게도 복음이 전파되기 시작하였습니다. 그래서 하나님께서는 심판하는 기준을 달리하시고 계십니다.

첫째, 구약시대 유대인들은 하나님으로부터 율법을 직접 받았으므로 그 율법에 의하여 마땅히 심판을 받게 되고,

둘째, 구약시대 이방인들은 하나님의 계시는 직접 받지 못했으나 우주만물 역사 등을 통해 하나님을 알 수 있었고, 내적인 양심 이성 도덕률을 통해 죄를 깨달을 수 있었으므로 이들은 율법이 아닌 자연법에 의하여 심판을 받게 되며,

셋째, 예수님이 이 땅에 오신 후에는 예수님을 통하지 않고는 구원이 불가능하므로^{행 4:12, 요 14:6}, 예수를 구주로 영접하는 믿음만이 심판의 기준이 되는 것입니다.

넷째, 그러면 예수님 이후에 태어난 사람으로서 복음을 접할 기회가 없던 사람들은 억울하지 않은가? 지금도 기독교 복음이 전해지지 않은 지역이 많은데……. 이 문제는 너무 걱정하지 않아도 됩니다. 하나님은 공의로 심판하시고 누구도 멸망하는 것을 원치 않으시므로 하나님께서는 만인이 수긍하고 긍정할 수 있는 방법으로 이들을 심판하실 것이기 때문입니다.

+

예수님의 부활을 사실로 믿으란 말인가요

예수 그리스도께서 죽은 지 3일 만에 부활하신 것은 인간의 지식 전체에서 가장 중요한 사건입니다. 이는 역사상 가장 큰 사건으로서 이전의 모든 역사가 이것을 향하여 진행

되었고, 이것에서 다른 모든 역사가 그 의미를 발견하게 되었습니다. 이 이야기는 수세기 동안 고난을 겪으며 전해지고 있으며 세상을 변화시키고 있는 것입니다. 만일 예수가 부활하지 않았다면 부활에 대한 이야기는 어떻게 된 것인가? 몇 가지 경우를 가정해 보면 다음과 같습니다.

첫째, 유대인들이 예수님의 시체를 훔쳐간 것은 아닐까? 만일 그들이 시체를 훔쳐갔다면 이 사실을 널리 알렸을 것입니다. 왜냐하면 그들은 예수가 부활했다는 사실을 말하는 사람을 죽이기까지 하면서 이 사실을 감추려 했기 때문입니다.

둘째, 그러면 그 시체를 제자들이 훔쳐간 것은 아닐까? 만약 그들이 훔쳐갔다면 그들은 예수가 부활했다는 것이 거짓임을 알면서 거짓에 하나뿐인 목숨을 버리는 순교는 하지 않았을 것입니다.

셋째, 혹시 환상을 본 것은 아닐까? 꿈을 꾼 것은 아닐까? 500명의 무리가 똑같은 꿈을 꿀 수 없으며, 똑같은 환상을 볼 수는 없는 일입니다. 특히 그들은 처음에는 허튼 소리로 생각했고 기대하지도 않고 있었으며, 오히려 부활을 부인하려고 애쓰던 사람들이었는데 그들이 믿게 된 것은 꿈도 환상도 아니고 엄연히 있었던 사실이기 때문입니다.

넷째, 죽은 예수를 영광스럽게 하기 위하여 수년 후 부활에 대한 기록을 그의 이야기에 추가한 것은 아닐까? 성경이 아닌 역사기록에 "디베료가 이스라엘을 통치할 때 그리스도교가 생겼으며 그들의 신앙은 예수가 죽은 자 가운데서 살아나셨다는 것이다"라고 쓰여 있습니다.

부활은 그리스도인의 신앙에 추가된 것이 아니라 바로 그 신앙의 원인이며 시작인 것입니다. 그들의 신앙은 기록된 것에 의한 것이 아니라 그들 눈으로 직접 본 사실에 의하여 생긴 것입니다. 부활이 인간생활에 엄청난 영향을 주고 있음은 누구도 부인할 수 없는 사실입니다.

부활과 영생에 대한 우리의 소망은 영혼불멸에 대한 철학적 추측에 기초를 둔 것이 아니라 분명히 존재하는 역사적 사실에 기초를 둔 것입니다. 부활이 없었다면 신약성경과 교회는 존재하지 않았을 것입니다.

07

교   회

생   활   은

이   렇   게

"하나님은 전도를 통해

구원하는 것을 기뻐하시므로

전도해야 합니다."

+ 고전 1:21 +

보이는 믿음_{교회주서에}

힘써야 합니다

　　　교회는 예배를 드리는 건물_{예배당} 그 자체가 아니라 성령의 부르심을 받아 예수 그리스도의 복음을 믿고 구원받은 사람들의 모임을 지칭하는 것입니다. 예수님을 믿는 사람들의 모임이라고 해서 다 교회는 아닙니다. 교회가 되기 위해서는 성례_{세례와 성찬}가 올바르게 집행되며, 성도들에 대한 권징_{교회의 윤리와 질서에 어긋나는 행위를 한 자를 치벌하는 것}이 제대로 행해져야 합니다.

교회의 역할은 하나님의 선택을 받은 사람들이 따로 모여서 하나님께 예배를 드리고, 하나님의 기쁜 소식을 사람들에게 알려 하나님을 믿게 하며, 교제하고, 봉사하는 일입니다. 교회의 첫 성장 모형인 예루살렘교회를 보면 아래와 같습니다.

첫째, 성전에 모이기를 힘썼습니다. ^{행 2:46}

둘째, 말씀이 충만했습니다. ^{행 6:7}

셋째, 기도와 교제에 힘썼습니다. ^{행 2:42}

넷째, 전도에 힘썼습니다. ^{행 5:42}

다섯째, 선교사를 파송하는 일에 힘썼습니다. ^{행 13:1~3}

이것이 바로 오늘의 교회들이 본받아야 하고 실천해야 할 교회의 참된 모습입니다. 신앙은 하나님과 나와의 관계인데 굳이 예배당에 나갈 필요가 있느냐고 묻는 이들이 흔한 것이

+ 하나님을 만나면 보이는 것들 +

요즘에 기독교가 당면한 시대적 문제입니다. 집에서 TV를 통해 예배드리고 성경 읽고 기도하면 된다고 생각할 수도 있습니다. 그러나 학교가 지식만 가르치는 곳이 아닌 것처럼 교회도 예배 외에 전도, 교제, 봉사, 구제, 성경공부 등 많은 일들을 함께 병행하여 이루어지는 곳이기에 교회를 등진 채로 예배만 드린다고 신앙생활을 제대로 한다고 말할 수 없습니다.

아궁이에 여러 개의 나무토막이 함께 타면 불은 꺼지지 않고 더 큰 화력을 낼 수 있지만, 하나씩 따로 떼어 놓으면 화력의 저하로 불이 곧 꺼지는 것처럼 우리의 신앙도 마찬가지라고 생각합니다. 그래서 교회는 모이는 일에 힘써야 합니다.

+

예배에
집중해야 합니다

예배란

예배란 피조물인 인간이 창조주시며 구속주이시고 절대적인 권위를 가지신 하나님께 찬양을 드리고 복종과 헌신을 다짐하는 행위입니다. 따라서 예배를 드릴 때 가장 중요한 제물은 물질이 아니라 물질을 드리는 바로 그 사람 자신이어야 합니다. 예배하는 사람의 신앙과 인격과 심령을 받기 위해서 하나님은 예배를 요구하십니다.

성도가 그리스도의 몸 된 교회를 섬기는 방법은 여러 가지 방법이 있겠으나 가장 근본적이고 중요한 섬김은 하나님께 온전하게 예배드리는 것이어야 합니다. 그러므로 주일 예배만은 결코 빠져서는 안 됩니다.

예배준비와 마음가짐은
다음과 같습니다

첫째, 복장은 단정히 해야 합니다. 단정한 복장은 마음가짐을 안정시키기 때문입니다.

둘째, 적어도 예배시작 10분 전에 자리에 앉아 회개와 전적으로 의탁하는 기도를 드리고 시 34:18, 마 5:23-24, 설교본문, 성시, 찬송가를 찾아 놓는 것이 좋습니다.

셋째, 예배는 찬양, 기도, 말씀설교, 헌금, 성례가 순서에 따라 진행되는데 하나님은 이를 맡은 자들을 친히 주장하시므로 예배는 하나님이 직접 주관하시는 것이 됩니다.

넷째, 성도가 예배에 집중하지 않으면 안 되는 이유는 하나님은 찬양으로 말씀하시고, 기도로 말씀하시고, 설교로 말씀하시기 때문입니다. 그래서 찬송을 부를 때 가락보다 가사에 주목하는 것이 좋고, 같은 찬송을 반복하는 것도 유익합니다. "아버지 하나님! 말씀하옵소서. 제가 듣겠나이다." 이 같은 마음 자세로 예배에 임해야 합니다.

헌금연보

헌금은 믿음의 표현이며 하나님의 은혜에 대한 감사의 응답입니다. 하나님은 부족한 것이 없는 분이십니다. 그러므로 헌금은 십일조1/10에 얽매이지 말고 마음에 정한 대로 하되 약간 부담이 될 정도로 힘껏 하는 것이 좋고, 아까워하거나 억지로 해서는 안 되며, 기쁘고 감사한 마음으로 드려야 합니다. 그래야만 하나님이 받으시기 때문입니다. 하나님은 즐겨 내는 자를 사랑하십니다. 고후 9:7, 잠 25:2

헌금은 교회운영, 선교, 구제에 필요한 돈을 마련하는 수단으로서의 의의만 있는 것이 아니라 나의 물질적 소유를 상대화 相對化 하는 상징적인 행위이기도 합니다.

세상에서 거의 절대적인 것으로 우상화되어 있는 돈을 스스로 바친다는 것은 그 좋은 돈도 거룩한 세계에서는 상대적인 가치밖에 없음을 보여주는 계기가 됩니다. 그러므로 헌금은 그 액수의 많고 적음으로 평가되기보다는 바친다는 사실 그 자체에서 큰 의미를 찾아야 할 것입니다.

+

하나님 말씀을
힘써 전해야 합니다

전도란

교회가 놓치지 말아야 할 절대적 사명은 오직 복음 전파입니다. 복음을 전하려는 사람은 봉사에 대한 마음이 아니라, 영혼구원에 대한 열정이 불타올라야 합니다. 영혼구원의 열정 없이도 재산은 나눌 수 있으나, 영혼구원의 열정이 없으면 복음은 전할 수 없습니다.

전도란 용서받은 죄인이 용서받아야 할 죄인에게 용서의 이야기를 들려주는 것입니다.

즉 하나님 말씀을 전하는 것입니다.

왜 전도를 해야 하나

첫째, 너희는 온 천하에 다니며 만민에게 복음을 전파하라는 예수님의 명령이 있기 때문에 우리는 전도해야 합니다.^{막 16:15}

둘째, 하나님은 전도를 통해 구원하는 것을 기뻐하시므로 전도해야 합니다.^{고전 1:21} 누군가를 회심시키는 일은 하나님만 하실 수 있는데, 하나님은 이 일을 하실 때 우리의 전도를 사용하시기 때문에 열심히 전도해야 합니다.

셋째, 믿음은 들음에서 나는데^{롬 10:17}, 전하는 자가 없는데 어찌 듣고, 어찌 믿겠습니까?^{롬 10:13~15} 그래서 전도해야 합니다.

넷째, 천하보다 귀한 한 생명을 살리는 일이기 때문에

우리는 전도해야 합니다.^{마 16:26} 하나님께서 믿는 우리에게 선물로 주신 가장 소중한 직분은 사람을 살리는 것입니다. 영문 밖으로 나가 물에 빠진 자들을 건져 새로운 삶을 살도록 인도해야 합니다.

무엇을 전할 것인가

최초 사람인 아담과 하와가 에덴동산에서 하나님의 법을 어겨 죄인이 되었으므로 그의 후손인 우리도 마땅히 죄인이 되었습니다. 하나님의 법은 죄를 지으면 반드시 죽어야 하는 것이므로^{롬 6:23}, 우리도 죽을 수밖에 없었는데^{여기서 죽음은 영적으로 하나님을 떠나 있음으로 영생을 누리지 못함을 말함} 사랑이 많으신 하나님께서 우리를 불쌍히 여겨 그의 아들 예수를 이 세상에 보내 우리 죄를 대신하여 십자가에 못 박혀 죽게 하셨으므로 이제 우리가 할 일은 예수를 나의 구세주로 믿고, 영접만 하면 그때부터 우리는 죄를 용서 받고 하나님의 자녀가 되어 구원을 얻게 되는 것입니다.

이것을 전해야 합니다. 그러기에 진정한 복음 전도는 예수가 그리스도 구세주 되심에 초점을 맞추는 것입니다.^{고후 4:1~ 6}

어떻게 전할 것인가

"너는 말씀을 전파하라 때를 얻든지 못 얻든지 항상 힘쓰라"고^{딤후 4:2} 성경은 말하고 있습니다. 하나님께서 나를 전하는 자로 보냈으니 형편이 좋을 때나 나쁠 때나 사람들로부터 외면을 당할 때도 열심히 전해야 합니다. 전하는 데 특별한 방법은 없습니다. 전하는 자가 잘할 수 있는 것이 가장 좋은 방법일 것입니다. TV와 인터넷이 보편화되고 고학력자가 증가한 오늘날에 어울리는 전도방법으로 무엇이 좋을까요?

첫째, 말보다는 생활로 전도하는 것이라고 생각합니다. "너희 빛이 사람 앞에 비치게 하여 그들로 너희 착한 행실을 보고 하늘에 계신 너희 아버지께 영광을 돌리게 하라"^{마 5:16}는 성경 말씀은 바로 생활로 전도하라는 것입니다. "예수 믿는 사람은 역시 다르구나." 이런 말을 듣는 것이 바로 생활 전도인 것입니다.

둘째, 또 하나는 정확히 알지도 못하면서 예수님의 탄생, 부활, 승천 등은 비과학적이며 비논리적이라고 아예 마음을 닫아 버리는 사람들을 전도하기 위해서는 성경의 줄거리와 핵심 진리를 짧은 시간에 알 수 있도록 전도용 소책자를 만들어 사용하는 것도 좋은 방법 중의 하나가 될 것으로 생각됩니다.

전도자들이 가져야할 마음 자세

말씀묵상과 기도로 이기적인 자아를 깨뜨려 온전히 성령께서 이끄는 대로 순종하여야 한다는 것과 복음을 전하는 것은 내가 할 수는 있지만, 믿고 구원받게 하시는 이는 오직 하나님 한 분뿐이라는 것을 마음에 새기고 전도에 힘써야 합니다.고전 3:6 결과는 하나님께서 알아서 하실 것이므로 우리가 할 일은 때를 얻든지 못 얻든지 힘써 전파하면 그것으로 족한 것입니다.

교회가 증인으로서의 사명 즉, 전도를 소홀히 하고 내부 문제에만 관심과 역량을 집중시킬 때 교회는 오히려 힘을 잃어버리게 됩니다. 교회의 궁극적인 사명은 주님의 지상명령인 전도를 수행하는 데 있기 때문입니다.

교회는 헌신된 복음의 일꾼들을 부지런히 양육하고 파송해야만 합니다. 또한 모든 성도가 보냄을 받은 자로서 어디에 있든지 부지런히 복음을 전해야 합니다.행 13:1~3

교제친교에
힘써야 합니다

하나님은 사람들에게 자신과의 교제를 강요하지 않으십니다. 단지 하나님을 열망하는 사람에게만 교제를 허락하십니다. 그러므로 예배를 통해, 말씀묵상과 기도를 통해, 하나님과의 교제의 끈을 꼭 붙들어야 합니다. 하나님과의 교제는 반드시 성도들 간의 교제로 이어지므로 더 열심히 하나님과 교제해야 합니다.

사람들은 스스로 부패하여 하나님의 말씀을 떠나 자기를 위한 우상을 만들게 되어 있습니다. 따라서 성도는 영적지도자 및 믿음의 사람들과 늘 교제하며 말씀으로 권면을 받아야 합니다. 신 9:9~15

교제란 그냥 이야기하고 즐겁게 노는 것을 의미하는 것이 아니라 서로가 한 지체라는 인식에서 출발하여 서로가 하나가 되고, 서로 섬기며, 서로가 서로를 세워주는 것을 의미합니다. 성도 간의 교제가 중요한 이유는 눈에 보이지 않는 하나님의 감독을 받기보다는 눈에 보이는 옆 사람의 감독을 받는 것이 훨씬 더 힘이 있을 수 있고, 함께 신앙생활을 하는 사람들로부터 감시도 받고 충고도 들으며 그들의 모범적인 신앙생활을 본받고 그들의 결점을 반면교사로 삼는다면 나의 신앙성장에 큰 도움이 될 수도 있기 때문입니다.

교회에는 남여선교회, 직분자회, 교구, 구역, 각종 위원회 등 많은 모임이 있는데 적어도 하나의 모임에는 적극 참여하는 것이 교회를 위해서도 자신의 신앙을 위해서도 매우 유익하다고 생각합니다. SNS 활동과 인터넷 중독으로 대화나 교제가 현격히 줄어든 오늘날에는 더더욱 그렇습니다.

+

봉사구제에 힘써야 합니다

봉사는 머리로만 알고 있는 사랑을 실생활에 적용하는 훈련이므로 봉사를 하면 봉사를 통해 얻어진 사랑이 쌓여 더 크고 더 어려운 봉사도 너끈히 할 수 있게 되는 것입니다.

그러므로 교회에 있는 찬양대, 주일학교, 전도위원회, 장례위원회 등에서 하나를 택하여 봉사를 하다보면 더 높은

단계의 봉사도 기쁨으로 할 수 있게 됩니다.

봉사는 다른 사람만 유익하게 하는 것이 아닙니다. 봉사를 통해 교회가 바르게 세워짐은 물론 나의 신앙도 크게 성장하게 됩니다. 더 중요한 것은 봉사는 사랑을 실천하는 것이므로 하나님을 기쁘게 하는 일입니다.

우리는 교회 내에서의 봉사_{구제}에 머무르지 말고 교회 밖으로 넓혀 나가야 합니다. 내 주위에 가난한 자가 있다는 것은 나에게 그들을 도우라는 하나님의 명령이므로 그들을 위해 봉사하고 구제하는 일에 힘을 써야 합니다.

성경은 "가난한 자를 불쌍히 여기는 것은 여호와께 꾸어 드리는 것이니 그의 선행을 그에게 갚아 주시리라"라고 _{잠19:17} 말씀하시고 계십니다.

08

사　　　　방　　　　이
　　　　꽉
막　　혔　　다　　고
생　　각　　될　　때

"내 발의 등이요 내 길에 빛"이 되므로
내가 어찌할 바를 몰라 고민할 때,
할 일과 갈 길을 보여 주십니다.

+ 시 119:105 +

제8장

사방이 꽉 막혔다고

생각될 때

위 하나님 를

바라보아야 합니다

하나님은 말씀으로 우주만물을 창조하신 분이십니다. 그렇기 때문에 하나님은 전지전능하시고, 시간과 공간을 초월하시며, 앞으로 일어날 모든 일을 이미 알고 계시는 분이십니다. 하나님은 우리 죄를 없애 주시려고 자신의 아들 예수 그리스도를 우리 대신 십자가에서 죽게 하신 그런 분이십니다.

이런 하나님을 우리가 믿기만 하면 하나님은 우리의

아버지가 되고 우리는 그분의 아들이 되어 영원히 멸망당하지 않는 생명을 얻게 됩니다.요3:16 우리가 아무리 악하고, 죄가 많고, 전에 실수가 많았다 해도 하나님 앞에 돌아와 회개하고 우리의 삶을 드리면 하나님은 우리의 죄를 용서해 주시고 우리를 새사람으로 다듬어 주십니다.

그러므로 하나님을 믿으면 두려워하지도 좌절하지도 않습니다. 우리가 두려워하고 좌절하는 것은 당면한 인생의 문제보다 더 크신 하나님의 임재를 보지 못하고 오직 문제에만 집중하기 때문입니다.

하나님을 믿지 않는 사람들은 하나님이 안 계시니 모든 일이 다 내 책임이므로 근심 걱정을 짊어지고 살 수밖에 없지만 하나님의 아들이 된 그리스도인은 어떤 두려움과 공포로부터도 자유로워질 수 있습니다.

어릴 때 밤길을 걸어본 적이 있습니까? 혼자 갈 때는 말할 수 없이 무서웠지만 부모님과 함께 가면 전혀 두렵지 않았던 경험이 한 번쯤은 있었을 것입니다.

매일 성경을 읽고
묵상하여야 합니다

하나님의 말씀은 살아 있고 활력이 있어서 좌우에 날이 선 그 어떤 칼보다도 더 날카로워 우리의 혼과 영과 관절과 골수를 쪼개고 사람의 마음속에 품은 생각과 뜻을 알아내기 때문입니다. 히 4:12

이와 같이 살아 있는 하나님의 말씀을 읽고 또 읽고 묵상하면 나의 교만과 이기적인 자아가 깨뜨려져 그동안 주인 행세하던 나는 주인자리에서 물러나고 대신 성령님이 주인자리에 앉아 나의 모든 삶을 직접 주관하시므로 마음의 평안은 물론 모든 일이 형통하게 되는 복도 받게 되는 것입니다. 수 1:8, 시 1:2~3

성경 말씀은 "내 발의 등이요 내 길에 빛"이 되므로 내가 어찌할 바를 몰라 고민할 때, 할 일과 갈 길을 보여 주십니다. 시 119:105 그리고 우리로 하여금 "믿음으로 구원에 이르는 지혜"를 얻게 하시며, 하나님의 마음에 합한 온전한 사람이 되도록 인도하십니다. 딤후 3:15~17

그리고 나에게 생긴 모든 문제는 우연히 생긴 것이 아니라 하나님의 뜻에 따른 것이므로 결코 하나님과 무관한 것은 아무것도 없습니다.

그러므로 문제에 대한 해답도 반드시 성경에서 찾아야 합니다.

이렇게
기도해야 합니다

"내 아버지여 만일 할 만하시거든 이 잔을 내게서 지나가게 하옵소서. 그러나 나의 원대로 마옵시고 아버지의 원대로 하옵소서" 마 26:39

이 기도는 예수님이 십자가에 못 박혀 돌아가시기 전 겟세마네 동산에서 드린 기도인데 우리가 이렇게 기도하는 것은 기도응답은 전적으로 하나님의 주권에 속하는 것임을 인정하고, 하나님께 온전히 맡기는 것이 됩니다. 그리하면 하나님은 가장 좋은 때에 가장 좋은 것으로 우리의 기도에 응답해 주실 것입니다.

우리가 그리스도와 연합한 상태에서 드리는 기도는 힘이 있습니다. 그리스도와 연합한 자가 바라는 바는 바로 그리스도께서 바라시는 바와 일치하므로 무엇이든지 원하는 대로 구하라 그리하면 반드시 이루어 주실 것입니다.요 15:7

무조건적으로 사랑하라는 이유는 다음과 같습니다.

첫째, 나의 원수는 나를 직접 괴롭히는 상대방이 아니라 그 사람 뒤에 숨어 그를 조종하는 사탄입니다. 따라서 내 앞에 있는 상대방은 사탄의 도구에 불과하므로, 그를 미워하고 저주하기보다는 오히려 긍휼히 여기고, 용서하고 사랑해야만 합니다.

둘째, 사랑한다는 것은 바로 하나님의 계명을 지키는 것이고롬 13:8, 요일 3:23, 계명을 지키면 무엇을 구하든지 다 들어 주겠다는 것이 하나님의 약속이므로 _{요일 3:22} 사랑이 기도응답의 첩경일 수밖에 없습니다.

셋째, 사랑을 하면 나와 하나님의 관계가 정상적으로 회복되므로 그때부터 하나님은 나를 위해 일하기 시작하십니다. 나대신 싸워 주고 나를 대신해서 원수를 갚아 주십니다. _{롬 12:19}

넷째, 하나님의 막강한 권능은 내가 하는 사랑을 타고 나에게로 흘러 들어오므로 일이 안 풀릴 때도, 어려움이 있을 때도, 기도응답이 없을 때도, 내가 선택할 수 있는 방법은 바로 사랑하는 것입니다. 묻지도 따지지도 말고 무조건 사랑하는 것입니다. 그리하면 마음이 편안해지면서 문제가 풀리는 체험을 하게 될 것입니다.

이상을 요약하면 다음과 같습니다.

첫째, 전지전능 하신 하나님이 나의 아버지가 되시고,

둘째, 성경 말씀을 묵상함으로써 나의 교만과 탐욕을 내려 놓게 하시며,

셋째, 힘들고 어려운 일이 있을 때마다 최고의 멘토인 하나님과 상담기도할 수 있고,

넷째, 기쁨으로 이웃을 사랑할 수 있는 힘을 공급해 주시니 이보다 더 무엇을 바라겠습니까?

09

요 섭 에 게
길 을
묻 다

"요셉처럼 하나님의 영이 충만하면,

하나님이 함께하시므로

하는 일마다 형통하게 되는

역사가 일어납니다."

+ 창 41:38 +

요셉 이야기 창 37장 · 50상

야곱에게는 12명의 아들이 있었는데 이들이 후에 이스라엘 12지파의 조상이 되었습니다. 그 중 열한 번째 아들이 바로 요셉입니다. 요셉은 형들의 미움을 받아 이집트로 팔려가 바로왕의 경호대장인 보디발의 노예가 되었습니다.

요셉이 자신이 맡은 일에 충실한 사람이라는 것과 하나님께서 요셉을 돌보아 주시는 것을 알고 보디발은 요셉을 청지기로 임명하여 집안의 모든 일을 그의 손에 맡겼습니다.

아마도 이집트 바로왕의 경호대장의 집이라면 수많은 노예와 식솔들이 있었을 것이므로 요셉은 거기에서 경제와 경영, 리더십을 익혔을 것입니다.

　　요셉은 잘 생긴 외모를 가졌으므로 주인인 보디발의 아내가 그를 유혹하였습니다. 그러나 요셉은 나를 인정해 주는 주인 보디발과 하나님께 죄를 질수 없다며 단호히 거절했습니다. 그의 신분이 달라질 수도 있는 좋은 기회였으나 그는 세상적인 이익에 눈을 감고 그의 신앙적인 기준을 고수했던 것입니다. 보디발의 아내는 뜻대로 되지 않자 요셉이 자신을 범하려고 했다는 누명을 씌워 그를 궁중 죄수들을 가두는 감옥에 가두게 했습니다.

　　요셉은 감옥 안에서도 하나님을 철저하게 의지하였으므로 어려운 환경에 처할지라도 결코 좌절하지 않고 성실하게 일했습니다. 이를 지켜본 간수장이 요셉을 신뢰하여 감옥의 모든 죄수들을 요셉의 손에 맡기고 일절 간섭하지 않는 등 요셉을 전적으로 신뢰하기에 이르렀습니다.

　　요셉은 3년간의 감옥 생활을 통해 왕실의 관리들과 인연을 맺고 이집트 왕실의 문화와 법도를 배우게 됨은 물론이고 정치도 알게 되었을 것입니다. 보디발의 집에서 청지기로

10년, 감옥에서 3년은 그에게 매우 유익한 연단의 시간이었습니다.

요셉이 죄수로 감옥에 있을 때 바로왕의 술을 따르는 신하와 빵을 굽는 신하가 감옥에 함께 들어왔습니다. 어느 날 이들이 함께 꿈을 꾸었는데 요셉이 그 꿈을 해몽하기를, 술을 따르는 신하의 꿈은 길조로 해석하여 사흘이 되면 복직할 것이지만, 빵을 굽는 신하의 꿈은 사흘 후에 교수형을 당할 것이라고 알려 주었는데 그대로 되었습니다.

요셉은 복직되는 신하에게 나는 히브리 땅에서 강제로 끌려왔으며 여기서도 감옥에 들어올 만한 일을 한 적이 없으니 내 사정을 왕에게 말씀드려 나를 이 감옥에서 나가도록 도와달라고 부탁했으나 술을 따르는 신하는 요셉을 까마득하게 잊어버리고 기억하지 못했습니다.

그로부터 만 2년이 지난 어느 날 바로왕이 괴이한 꿈을 연달아 꾸게 되는 일이 일어났습니다. 하나는 그가 나일강가에 서 있는데 갑자기 살찐 암소 일곱 마리가 강에서 올라와 갈대풀을 뜯고 있는데 볼품없고 여윈 소 일곱 마리가 나타나더니 살찐 소 일곱을 잡아먹는 꿈이었고, 또 하나는 줄기 하나에서 일곱 개 이삭이 돋아나 토실토실 여물어 가고 있는데

요셉에게 길을 묻다

뒤이어 돋아난 일곱 이삭이 샛바람에 말라비틀어진 쭉정이가 되더니 갑작스레 잘 여문 이삭을 삼켜 버리는 꿈이었습니다. 바로왕은 이집트의 마술사와 현자들을 불러들여 꿈을 해몽하라고 하였으나 아무도 해몽하지 못하였습니다.

그때 요셉과 같이 감옥에 갇혔던 술 따르는 신하가 요셉을 기억하고 요셉을 불러 물으니 요셉이 바로의 꿈을 차근차근 풀이해 주었습니다. 일곱 마리 암소와 일곱 이삭은 7년을 상징하며, 곧 7년 동안 연속해서 풍년이 있고, 그 다음 역시 7년 동안 연속해서 흉년이 있을 것임을 알려 주고 이에 대한 대처 방안을 말해 주었습니다.

"이집트 온 땅을 다스릴 슬기롭고 지혜로운 지도자 한 사람을 택하여 나랏일을 맡기고 행정구역을 다섯으로 나누고 각 구역마다 관리를 두어 풍년이 든 7년 동안의 잉여농산물을 모조리 거두어 각 성의 창고에 비축해 두십시오. 그러면 앞으로 7년 동안 흉년이 들어도 백성들이 굶어 죽지는 않을 것입니다."

바로왕은 요셉을 이집트의 국무총리로 세우고 그에게

모든 권한을 맡기기에 이르렀습니다. 마침내 7년의 풍년이 끝나고 흉년이 시작되면서 가나안 땅에서 목축으로 생계를 꾸려가던 요셉의 형제들은 심각한 곤란을 겪게 되었습니다. 대기근으로 인해 양과 염소 등 가축을 팔아 살 수 있는 양식이 가나안 땅에는 더 이상 없었기 때문에 식량을 구하려 이집트로 내려갈 수밖에 없었습니다.

요셉은 이집트에 온 형들을 몇 차례 시험한 후 자신이 요셉임을 밝히기에 이릅니다._{창 45:1~3} 그들은 너무 놀라 두려움에 떨며 어쩔 줄 몰라 할 때 요셉은 형들에게 "내가 형님들의 아우 요셉입니다. 형님들이 나를 이집트로 팔아넘겼지요. 그러나 이제는 나를 이곳으로 팔아넘겼다고 해서 마음으로 두려워하거나 괴로워할 것도 얼굴을 붉힐 것도 없습니다. 하나님께서 우리 가족을 구하시려고 나를 형님들보다 앞서 이곳으로 보내신 것입니다"라며_{창 45:4~5} 형들을 위로하였습니다.

요셉은 자신을 이집트로 보낸 것은 형님들이 아니라 하나님이라고 네 번이나 말하는 등 형들의 두려움을 풀어 줌과 동시에 하나님의 섭리에 대해서 설명함으로써 형들에게 친절하게 다가갔습니다._{창 45:5.7.8, 창 50:20~21} 이렇게 해서 요셉과 형들의 화해가 이루어져 아버지 야곱과 그의 식솔 70명은 요셉이 국무총리로 있는 이집트 고센 땅에 정착하여 이집트의 보호를 받고 유일신 신앙을 보존하면서 큰 민족으로 성장해 갈 수 있었습니다.

여기서 우리는 이스라엘에 대한 하나님의 놀라운 사랑을 깨닫게 됩니다. 그들을 허허벌판에 내버려 두었다면 그들은 흉년에 굶어 죽을 수도 있고, 아니면 다른 족속들에게 멸절될 수도 있었을 것이며, 사나운 들짐승의 밥이 되었을 수도 있습니다. 그러나 그들을 사랑하셔서 애굽이집트이라는 강대국의 보호 아래 두었다가 200만 이상의 큰 민족으로 성장시킨 후에 애굽을 탈출시켜 광야에서 40년 동안 필요한 훈련을 받게 한 다음, 고향인 가나안에 정착하게 하신 것입니다.

성공의 길

요셉은 분명히 하나님을 경외하는 사람이었습니다. 성경본문은 요셉의 신앙에 대해서는 직접 기술하지 않고 있지만 그의 삶의 여정을 통해 볼 때 쉽게 예측할 수 있습니다. 요셉이 안주인 보디발의 아내의 끈질긴 유혹에도 하나님께 죄를 지을 수 없다며 단호하게 뿌리친 것만을 보아도, 요셉이 바로왕의 꿈을 해몽할 때 꿈을 해몽하는 것은 내가 아니라 하나님임을 강조하는 것을 보아도 그의 믿음을 짐작하고도 남음이 있습니다.

또 요셉은 자신에게 일어나는 모든 일은 하나님이 결재하신 것이라고 믿었기에 자기를 노예로 팔아넘긴 형들을 원망하지 않았으며, 10년간 보디발의 집에서 노예생활을 할 때도 누명을 쓰고 3년간 감옥 생활을 할 때도 좌절하지 않고 주어진 일에 최선을 다했습니다.

이처럼 하나님을 경외하고 자신에게 주어진 일에 최선을 다하면 하나님은 그런 사람을 높이 들어 사용하십니다. 하나님이 자기 종들을 중요한 자리로 높이실 때는 그들이 훈련을 받고 준비가 되었을 때입니다. 하나님은 요셉이 보디발의 집에서, 감옥에서 훈련을 잘 통과했으므로 이집트인들이 천시하는 목축인이요, 노예 신분인 요셉을 당시 최강대국인 이집트의 국무총리가 되게 하셨던 것입니다. 창 41:41

요셉처럼 하나님의 영이 충만하면, 하나님이 함께하시므로 하는 일마다 형통하게 되는 역사가 일어납니다. 창 41:38

10

구　　　원　　　은

오　　　　　　직

믿　음　으　로

"우리가 믿게 되면
구원을 받음과 동시에
성령께서 내주하시게 되고"

+ 갈 3:2, 엡 3:17, 요일 4:15 +

민음이란

　　죄인인 나를 살리기 위해 예수님이 나 대신 십자가에
못 박혀 돌아가셨으므로 예수님을 나의 구세주로 믿고 마음
에 영접하는 것을 믿음이라 합니다. 이렇게 예수님을 믿고 영
접하면 죄를 용서받고, 구원을 받습니다.
　　어찌 보면 이는 너무 쉬운 방법이어서 그 사실이 오히려
믿어지기가 어려울 정도입니다. 그러나 사실은 그것이 그렇게
어이없이 쉬운 것만은 아닙니다. 예수님을 믿으면 내 생활이

나 중심에서 하나님 중심으로 바뀌게 되고 성경의 가르침대로 살아가기 때문입니다. 믿음을 느린 동작슬로비디오으로 살펴보면 예수님이 누구인지를 아는 지식에서 출발하여 예수님을 완전히 신뢰하는 확신으로 옮겨 가서 내 삶의 모든 것을 예수님께 의탁하는 것까지를 믿음이라 할 수 있습니다.

우리가 죄로부터 해방되는데 믿음을 조건으로 제시한 것은 하나님이 처음부터 인간에게 기대했던 것입니다. 인간이 자신의 안전보장을 자기 힘으로 이룩할 수 있다는 교만과 환상을 버리고 하나님만 의지하고 순종하게 한 것입니다.

이것만이 인간이 하나님으로부터 죄용서와 구원을 받을 수 있는 유일한 조건인 동시에 하나님과의 정상적인 관계회복인 것입니다. 오직 믿음으로만 하나님과 올바른 관계를 가질 수 있다고 성경은 분명히 말하고 있습니다. 합 2:4, 롬 1:17

+

믿을 때 성령님이 내주內住하시고
역사役事하십니다

믿으면 성령님이 나에게 오셔서 구원을 완성하게 하고,

나로 하여금 교회를 섬기게 하며, 거룩한 하나님의 자녀로 살아가도록 도와주십니다. 우리가 믿기만 하면 구원을 받는다는 것은 학생이 학교에 입학만 하면 졸업을 하게 된다는 것과 같다고 할 수 있습니다. 학교에 입학을 하면 거의 졸업을 하지만 그렇다고 100%는 아닙니다.

학생이 졸업하기 위해서는 교칙성경 말씀을 지키며, 선생님성령님의 가르침에 따라 열심히 노력해야 하는 것처럼, 그리스도인도 늘 말씀을 묵상하고 기도하며 성령님의 인도를 따라 기쁨으로 살아 갈 때 드디어 구원이 완성되는 것입니다. 학교로 말하면 졸업이 되는 것입니다.

✢

믿음과
행함의 관계

믿음을 강조하는 로마서 3:28와 행위를 강조하는 야고보서 2:26를 얼핏 보면 두 서신이 마치 서로 모순된 주장을 하는 것과 같이 보일 때가 있습니다. 그러나 로마서를 자세히 상고해 보면 전체 16장으로 되어 있는데 그중 1장에서 11장까지는

"구원을 얻는 것이 율법을 행함에 있지 않고 믿음에 있다"는 이신칭의以信稱義를 설명하고 있으며, 12장부터 16장까지는 "믿음으로 구원받은 성도가 하여야 할 행위"를 설명하고 있습니다.롬 12:1~2 야고보서도 로마서와 같은 맥락으로 이해 돼야 합니다.

야고보서는 로마서 1장에서 11장까지의 내용은 생략하고 곧 바로 믿음으로 구원받은 성도의 행함을 단도직입적으로 말하고 있습니다. 그러니까 로마서 12장부터 마지막장까지의 내용을 강조한 책으로 보아야 할 것입니다.

따라서 참 믿음으로 구원받은 성도는 반드시 행함이 따르게 되어 있다는 의미를 강조하고 있는 것입니다. 바꾸어 말하면 예수 그리스도의 속죄의 보혈과 부활을 믿음으로 말미암아 구원받은 성도라면 생활 속에 성도다운 삶의 열매가 반드시 있어야 된다는 의미를 드러내고 있는 것입니다.

왜냐하면 우리가 믿게 되면 구원을 받음과 동시에 성령께서 내주하시게 되고갈 3:2, 엡 3:17, 요일 4:15 또한 성령 하나님께서 소원을 이루어 주사 우리로 하여금 행하게 하시기 때문입니다.빌 2:13 그래서 믿음으로 구원받은 성도는 반드시 행하게 되어 있습니다.

이 당위성은 마치 열매를 보고 그 나무가 어떤 나무인지를 알 수 있듯이 성도에겐 성령의 선한 열매가 열려야 비로소 성령 받은 성도임을 증거 할 수 있다는 뜻과 맥을 같이합니다. 밥을 먹으면 배가 부르고, 술을 마시면 취하기 마련인데 믿음으로 구원받았다고 하면서도 믿음에 합당한 행함이 전혀 없다면 그 믿음은 그야말로 가짜요. 죽은 믿음이 아닐 수 없습니다.

우리 한국교회의 문제점은 이신칭의(以信稱義) 교리에만 익숙하고 구원받은 성도들이 반드시 행함이 따라야 한다는 사실을 잘 인식하지 못하는데 그 원인을 찾을 수 있다고 생각됩니다. 그 결과 교회가 세상의 빛과 소금의 역할을 다하지 못하고 오히려 세상 사람들의 지탄의 대상이 되고 있는 것입니다.

구원은 행위가 아니고 오직 믿음으로만 얻을 수 있습니다. 믿음이 있으면 행위는 자연적으로 흘러나옵니다. 그러므로 행함이 없는 믿음은 죽은 믿음입니다.

⁺

⁺01

마　　　　지　　　　막

길　　　에　　　만　　　난

하　　　　나　　　　님

"예수 그리스도께서

당신 안에 들어와

계십니다."

+ 골 1:27, 계 3:20 +

마음으로 받어질 때까지
계속 읽고 또 읽으십시오 & 10:10

하나님은 말씀으로 우주만물을 창조하시고 흙으로 사람을 만들었습니다. 그리고 하나님은 에덴 동쪽에 동산을 만들어 자기가 만든 사람으로 하여금 그 동산을 관리하며 지키게 하시고 그에게 "네가 동산에 있는 과일은 마음대로 먹을 수 있으나 단 한 가지 선악을 알게 하는 나무의 열매는 먹지 말라 네가 먹는 날에는 반드시 죽으리라 하시니라"라고 창 2:16~17

명령하셨습니다. 그러나 하나님의 일을 훼방하는 사탄이 뱀의 몸속에 들어가 뱀을 앞세워 아담과 하와를 유혹했습니다. "너희는 그 과일을 먹어도 절대 죽지 않는다. 너희가 하나님과 같아질까 봐 못 먹게 하는 것이니 걱정 말고 먹으라"고 꾀었습니다.

그들은 하나님의 명령을 어기고 그 과일을 먹어 하나님께 죄를 지었으므로 그 때부터 아담의 후손들은 모두 죄인이 되어 하나님과의 사귐이 끊어지고 사이가 멀어졌습니다.

인간
죄

하나님
거룩

사람은 하나님과 사이에 생긴 틈_{간격}에 다리를 놓으려고 오랜 세월에 걸쳐 여러 가지 방법 즉 선행, 종교, 철학, 제사, 도덕 등으로 많은 노력을 해왔습니다. 그러나 하나님의 법은 죄를 범하면 반드시 죄의 값을 치러야 하며 죄의 값은 바로 사망입니다. 여기서 사망이란 하나님과의 분리를 말합니다. 하나님과 분리되면 하나님이 주시는 최고의 선물인 구원영생을 받지 못하는데 이것이 바로 사망인 것입니다. 롬 6:23

하나님과 사람 사이에 다리가 될 수 있는 사람은 흠이 없어야 하는데, 이 세상에 사는 아담의 후손은 모두가 죄인이므로 다리흠 없는 제물가 될 수 없었습니다. 그러나 하나님께서는 사람을 사랑하셔서 하나님의 아들 예수 그리스도를 이 세상에 보내 우리 죄를 대신하여 죽게 하시고 하나님과 우리 사이에 다리가 되어 주셨습니다.

그러므로 예수 그리스도만이 사람이 하나님과 화해하고 하나님께 이르는 유일한 길다리인 것입니다.

인간
죄

그리스도

하나님
거룩

　　예수님께서 우리 죄에 대한 형벌을 대신 받으셨으므로 이제 우리는 예수님을 나의 구세주로 믿고 영접하면 우리는 그때부터 죄인이 아니라 하나님의 자녀가 되어 이 세상 살 동안 풍성한 삶을 누림은 물론이고 죽은 후에도 천국에서 영원히 살게 되는 것입니다.

　　천국은 하나님과 함께하는 곳이므로 그곳은 아픔도, 슬픔도, 고난도, 질투도, 미움도 없는 곳입니다.

인간
범죄
불안
심판
사망

그리스도

하나님
용서
평안
구원
영생

"사랑이 많으신 아버지 하나님! 제가 죄인임을 알게 하여 주시니 고맙습니다. 죄로 인해 죽을 수밖에 없는 저를 살리기 위해 하나님의 외아들 예수를 이 땅에 보내시어 제 대신 십자가에 못 박혀 죽게 하신 그 크신 은혜 진심으로 감사합니다.

이제 예수님을 저의 하나님, 저의 구세주로 믿고 영접하오니 제 안에 오셔서 제가 하나님의 아들로서 부끄러운 삶을 살지 않도록 다스려 주시옵소서. 저를 죄로부터 해방시켜 주시고, 아들로 삼아 주시고, 영원한 생명을 주신 것을 감사하오며 예수님의 이름으로 기도 드립니다." 아멘.

+

믿음으로 구원받은 자들에게는
이런 일들이 일어납니다

+ 예수 그리스도께서 당신 안에 들어와 계십니다.

골 1:27, 계 3:20

+ 당신의 모든 죄는 용서를 받았습니다. 골 1:14

+ 당신은 하나님의 자녀가 되었습니다. 요 1:12

+ 당신은 영원한 생명을 얻었습니다. 요 5:24

+ 당신에게 하나님이 예비하신 풍성한 새 삶이 시작되
었습니다. 요 10:10, 고후 5:17

이것이 바로 구원이고 영생입니다.

마지막 길에 만난 하나님

+

+02

교　　　　　　　　　회

분　　　　　　　　　쟁

치　　유　　하　　기

"내 아버지여 만일 할 만하시거든
이 잔을 내게서 지나가게 하옵소서
그러나 나의 원대로 마시옵고
아버지의 원대로 하옵소서"

+ 마 26 :39 +

교회분쟁은
장기전이 되기 쉽습니다

　　교회가 목사파, 장로파로 나뉘어 싸울 때 처음에는 하나님의 영광과 하나님의 정의를 위하여 싸움을 하지만 시간이 지나면서 하나님은 온데간데없고 교회 재산에 더 관심을 갖다 보니 화해가 어렵습니다. 또한, 예수님은 죽음을 앞두고 "내 아버지여 만일 할 만하시거든 이 잔을 내게서 지나가게 하옵소서 그러나 나의 원대로 마시옵고 아버지의 원대로 하옵소서

하시고"^{마 26 :39} 이렇게 기도하셨는데 우리는 하나님께서 우리의 기도를 꼭 들어주신다는 믿음을 가지고 싸우기 때문에 양측 다 양보하기가 쉽지 않습니다.

교회분쟁은 목사와 장로 몇 사람의 잘못 때문에 어느 날 갑자기 발생한 것이 아니라 하나님의 뜻 안에서 계획된 것이므로 그 계획이 이루어질 때까지 분쟁이 지속될 수밖에 없습니다. 성경의 출애굽기를 보면 하나님이 이집트 바로왕의 마음을 계속 완고하게 하여 이스라엘 민족의 이집트 탈출을 지연시킨 것과 같은 경우라고 생각합니다. 이러한 이유들로 인해 교회 분쟁은 장기전이 될 수밖에 없습니다.

+

분쟁교회 성도들이
마음에 담아 둘 것은

하나님은 변혁을 원하십니다

교회가 갈라져 싸우면 제일 큰 피해를 보는 대상은 바로 하나님입니다. 교인들이 편을 갈라 싸우면 하나님의 존재마저 의심 받게 되고, 교회가 세상 사람들의 조롱거리가 되는데도 불구하고 싸움을 허락하신 목적은 한국 교회의 근본적인 변화와 개혁을 위해서라고 생각합니다.

하나님께 드리는 예배가 방해되어서는 안 됩니다

우리는 예배를 위하여 교회를 시작했고 돈을 모아 예배당을 건축했습니다. 그런데 어떤 사정으로 분란이 발생했다면 서로 화해하는 것이 우선입니다. 그러나 노력해도 화해가 안 된다면 교회를 분할하여 따로 예배를 드리도록 해야 한다고 생각합니다.

이것도 합의가 안 된다면 하나님의 영광을 위하여 모든 권한을 포기하고 결별한 후 예배와 교회 부흥에 전념하는 것이 옳다고 봅니다. 이렇게 하는 것이 제일 중요한 것을 지키기 위하여 두 번째 중요한 것을 버리는 용기 있는 교회가 할 일이라고 생각합니다. 이때부터 하나님은 이런 교회를 위해 일하기 시작한다고 믿습니다.

분쟁교회 성도들이
꼭 해야 할 일은

화해를 위해 노력해야 합니다

온유하고 신사답게 상대방을 대한다고 화해가 이루어지는 것은 아닙니다. 오히려 힘을 보여주며 적극적으로 대응하는 것이 효과적일 수도 있습니다. 상대방이 서로 화해하면 잃는 것보다 얻는 것이 더 많다고 판단하여 대화의 자리로 나올 확률이 높기 때문입니다. 그러므로 소송도 하고 시위도 하며 적극적으로 대처해야 합니다.

하나님이 계시는 교회에서 시위나 소송을 하는 것은 부적절해 보이나 사회의 각종 법규나 제도는 하나님께서 허락하신 것이므로 교회 회복을 위해서는 적극 활용하는 것이 맞습니다.

교회부흥에 전심을 다해야 합니다

성도들이 교회부흥을 위해 전도하지 않으면 교회 내부 문제에만 관심을 갖게 되어 갑론을박하며 분란을 일으키게 되므로 교회분쟁 중에도 열심히 전도하고 양육하여 교회를 부흥시켜야 합니다. 교회부흥은 하나님이 함께하신다는 증거이므로 상대방에게 압박이 되어 교회를 회복하고 교회를 바로 세우는 지름길이 됩니다. 상대방을 긍휼히 여기는 마음을 가져야 합니다.

상대방을 긍휼히 여기는 마음을 가져야 합니다

지금 싸우는 상대방은 사탄이 아니라 사탄의 유혹에 빠진 사탄의 도구일 뿐이므로 그들을 긍휼히 여기는 마음을 가져야 합니다. 그리고 싸우는 중에도 물밑 교류는 계속 이루어져야 합니다. 그리하여 하나님은 그들을 우리의 적이 아니라 우리를 돕는 우군이 되게 하시어 하나님이 정하신 때에 우리가 다시 하나가 되는 일에 큰 역할을 하게 하실 것입니다.

교회분쟁을 하나님은 어떻게 다스리시나

하나님은 우리 모두가 하나님 안에서 하나 되기를 원하시지만 편을 만들어 싸우는 양측이 완전히 하나가 되는 것이 어렵다고 판단되면 사울 집안과 다윗 집안처럼 서로 방해 받지 않도록 일단 갈라서게 합니다. 하나님은 서로 싸우는 양측에도 하나님의 마음에 합한 측 즉, 화해를 위해 노력하고, 교회부흥을 위해 전도하며 상대방을 사랑하고 긍휼히 여기는 편에 대하여는 훈련과 연단을 통해 점점 강하게 하시고 그렇지 않은 편에 대하여는 갈등과 분열을 통해 점점 약하게 하여 하나님의 마음에 합한 편을 중심으로 다시 하나가 되게 하십니다. 삼하 3:1

　　결론적으로 교회분쟁의 해결은 전적으로 하나님의 손에 달려 있습니다. 하나님은 준비된 자들을 통해 하나님이 예정한 때에 하나님이 정한 방식으로 교회를 회복시켜 주시고 교회를 바로 세워 주십니다. 이러한 연단을 통해 교회는 다시 성숙한 모습으로 우뚝 세워질 것입니다.

교회분쟁 치유하기

+03

성   경   의

연   대   적

줄   거   리

"너희가 권능을 받고
예루살렘과 온 유다와 사마리아와
땅 끝까지 이르러
내 증인이 되리라"

+ 사 1:8 +

성경은

예수님 탄생을 기준으로 나뉩니다

　　성경의 연대는 예수님을 중심으로 하여 예수님 탄생 전을 구약시대라 하고, 예수님 탄생 후를 신약시대라고 합니다. 그리고 전 세계가 연수(年數)를 셀 때 사용하는 BC와 AD도 예수님 탄생을 기준으로 한 것입니다.

　　BC는 예수님 탄생 전이라는 뜻이고 Before Christ AD는 예수님 탄생 이후라는 뜻입니다. Anno Domini = in the year of our Lord 이는

예수님이 성경의 주인이요 역사의 주인임을 시사한 것이 아니고 무엇이겠습니까?

구약시대(BC)	신·구약 중간시대	신약시대(AD)
• 창조~BC400년까지 • 성경 　(창세기~말라기)	• 성경 기록이 　없는 암흑기 　(400년 동안)	• 예수님 탄생~ 　AD100년까지 • 성경 　(마태복음~요한계시록)

구약시대

① 천지창조시대 태초~BC2165년까지

　태초에 하나님이 말씀으로 천지를 창조하시고 흙으로 사람을 만들어 에덴동산에 살게 하셨습니다. 그런데 아담과 하와가 사탄의 꾐에 빠져 하나님의 법을 어겼으므로 에덴동산에서 추방되고 말았습니다.

　그 후 땅에 사람들이 늘어나면서 죄악도 불어나자 하나님은 사람을 창조하신 것을 후회하고 급기야 노아와 그의 가족을 제외한 모든 사람을 홍수로 멸절시키십니다. 그러나 노아의 후손에게도 죄의 뿌리는 여전히 남아 있어 또다시 하나님을 거역하고 하나님께 도전하는 바벨탑을 쌓았으므로 하나님께서는 이토록 사람이 교만해진 까닭은 하나의 언어와 문화를 가졌기 때문임을 아시고 서로 다른 언어를 만들어 언어 소통을 막았고 모든 민족이 한데 모여 살지 않고 흩어져 살도록 징계를 내렸던 것입니다.

성경 : 창세기 1~11장

주요 인물 : 아담, 아벨, 에녹, 노아

주요 사건 : 천지창조, 타락, 대홍수, 바벨탑

② 족장시대 BC2165~BC1804까지

그러나 사랑이 많으신 하나님은 죄에 빠진 사람을 구원하고 재창조하기 위하여 아브라함과 그 후손을 택하셨습니다. 그리고 아브라함을 통해 모든 민족을 구원하고 복을 주려는 계획을 서서히 실천에 옮기셨습니다.

그 후 하나님은 아브라함을 가나안 땅으로 인도하셨고 그 자손을 애굽으로 보내 흉년을 피하게 하셨으며 그곳에서 큰 히브리 민족을 이루게 하셨습니다.

+ 성경 : 창세기 12~50장, 욥기
+ 주요 인물 : 아브라함, 이삭, 야곱, 요셉, 욥
+ 주요 사건 : 히브리 민족의 탄생
　　　　　　소돔이 멸망함
　　　　　　하나님이 사단에게 욥을
　　　　　　시험하도록 허락함
　　　　　　요셉이 애굽으로 팔려감
　　　　　　요셉이 애굽의 총리가 됨
　　　　　　히브리 민족이 애굽으로 이주함

③ 출애굽시대 BC1804~BC1405년까지

이스라엘 민족이 번창하게 되자 두려움을 느낀 애굽은 그들을 심하게 박해하였습니다. 그러자 하나님은 모세를 지도자로 삼아 이스라엘 민족을 애굽에서 탈출시켜 약속의 땅 가나안 땅으로 인도하십니다.

구출과정을 살펴보면 홍해를 가르고, 물이 없을 때 바위에서 샘물을 솟아나게 하시고, 쓴물을 단물로 만들어 갈증을 해소시키시고, 만나와 메추라기를 내려 그들을 굶주리지 않게 하였으며, 또한 그들에게 십계명을 주시고 성막을 세워 하나님께 예배드리도록 하셨습니다.

그러나 그들은 다른 신을 섬기는 등 하나님을 거역하였으므로 이들을 하나님의 백성으로 바로 세우기 위해서 광야에서 40년을 방황하게 하셨고 또 하나님께서는 가나안 땅에 정탐꾼으로 다녀와 긍정적인 보고를 한 여호수아와 갈렙 두 사람과 광야에서 출생한 2세들만을 가나안 땅에 들어가도록 허락하셨습니다.

그렇지만 모세를 비롯하여 애굽에서 살다 나온 사람들은 하나님의 명령을 거역하고 우상을 숭배하는 죄를 범했기 때문에 가나안 땅에 들어가지 못하고 모두 광야에서 죽고 말았습니다.

성경 : 출애굽기, 레위기, 민수기, 신명기

주요 인물 : 모세, 아론

주요 사건 : 10가지 재앙, 유월절제정, 출애굽,
율법수여, 성막건축

④ 가나안 정복시대 BC1405~BC1382년까지

모세가 죽은 후 하나님은 여호수아를 지도자로 세우셨습니다. 모세의 후계자가 된 여호수아는 이스라엘 민족을 이끌고 요단강을 건너 가나안 땅을 정복하고 이스라엘 12지파에게 땅을 분배하여 정착하게 한 다음 조용히 생을 마감하게 됩니다.

+ 성경 : 여호수아

+ 주요 인물 : 여호수아, 갈렙, 라합, 아간

+ 주요 사건 : 가나안 입성, 가나안 정복,

　　　　　　가나안 땅의 분배

⑤ 사사시대 BC1382~BC1051년까지

여호수아가 죽은 후 사사시대가 시작됩니다. 사사는 백성들을 위한 영적, 정치적, 군사적 지도자로서 활동하였으나 위기를 극복한 후에는 백성들로부터 외면을 당하기도 하였습니다.

이들은 이스라엘 백성이 가나안에 들어와 왕을 세우기까지의 중간 시기를 이끌었던 지도자들입니다.

성경 : 사사기, 룻기, 삼상 1~7장

　주요 인물 : 에훗, 바락, 드보라, 기드온, 입다, 삼손,
　　　　　　　룻, 나오미, 보아스, 한나, 엘리, 사무엘

　주요 사건 : 12사사의 사역, 모압 처녀의 혼인
　　　　　　어머니의 기도, 제사장의 죽음

⑥ 통일왕국시대 BC1051~BC931년까지

　사사시대는 끝을 맺고 왕이 나와 백성을 다스리는 통일
왕국 시대가 시작됩니다. 첫 번째가 사울왕이고, 두 번째 왕이
다윗왕인데 다윗왕은 처음에는 2지파 유다, 베냐민를 통치하였으나
삼하 2:4 7년 후에 이스라엘 12지파를 모두 다스렸습니다. 삼하 5:5

　다윗왕이 죽은 후 그 아들 솔로몬이 세 번째 왕이 되어
이스라엘을 다스렸습니다. 성전 건축이 이때 완성되었으며 특
히 다윗왕과 솔로몬왕의 통치 아래서는 강대한 왕국을 이룩
하였습니다.

　성경 : 삼상 8~31장, 삼하, 왕상 1~11장, 대상,
　　　　대하 1~9장, 시편, 잠언, 전도서, 아가

+ 주요 인물 : 사울왕, 다윗왕, 솔로몬왕, 요압,

　　　　　　아브넬, 압살롬, 골리앗, 사독, 밧세바

+ 주요 사건 : 다윗이 세 번 기름 부음을 받음

　　　　　　다윗이 예루살렘을 점령함

　　　　　　예루살렘으로 언약궤를 운반해 옴

　　　　　　첫 번째 성전을 건축함

⑦ 분열왕국시대 BC931~BC605년까지

솔로몬왕 말년에 내분이 일어나 분열되었는데 그 중 북
쪽에 위치한 10지파를 이스라엘이라 불렀는데 이는 약 200여
년 동안 존속하다가 BC721년 앗수르Assyria에 함락되어 포로
로 끌려갔고, 남쪽에 위치한 2지파를 유다라 불렀는데 유다는
북쪽 이스라엘보다 100여 년 더 존속하다가 BC605년경 바벨
론의 포로로 끌려갔습니다.

+ 성경 : 왕상 12~22장, 왕하, 대하 10~36장, 오바댜,

　　　　요엘, 요나, 아모스, 호세아, 이사야, 미가,

　　　　나훔, 스바냐, 예레미야, 하박국, 예레미야애가

주요 인물 : 여로보암북쪽 왕, 르호보암남쪽 왕,

⁺ 주요 인물 : 여로보암 북쪽 왕, 르호보암 남쪽 왕,

　　　　　　선지자 엘리야, 미가, 엘리사

⁺ 주요 사건 : 이스라엘이 남북으로 갈라짐

　　　　　　북 이스라엘이 앗수르에게 함락됨

　　　　　　남 유다가 바벨론에게 함락됨

　　　　　　다니엘·에스겔이 포로로 끌려감

　　　　　　예루살렘 성전이 불에 탐

⑧ 포로시대 BC605~BC538년까지

　바벨론의 포로로 끌려간 이들은 약 70여 년간 포로생활을 하게 된다. 이때 바벨론에서 다니엘과 에스겔이 하나님의 말씀을 전하는 선지자로 크게 활동을 하게 됩니다.

　BC550년 고레스가 바사 페르시아 제국을 세우고 그로부터 11년 후 바사에 의해 바벨론이 멸망합니다.

⁺ 성경 : 다니엘, 에스겔

⁺ 주요 인물 : 다니엘, 느부갓네살, 사드락, 메삭

+ 주요 사건 : 다니엘과 그의 세 친구가 구원받음

　　　　　　성전의 파괴

　　　　　　이스라엘 미래에 대한 예언

　　　　　　바벨론의 멸망

⑨ 포로귀환시대 BC538~BC400년까지

　바벨론을 멸망시킨 바사의 고레스왕은 유대인의 본국 귀 환을 허락하는 고레스 칙령勅令을 발표합니다.

　그 결과 이스라엘 민족은 세 차례에 걸쳐 수룹바벨, 에스라, 느헤미야의 인도로 본국으로 귀환합니다.

　본국에 돌아온 그들은 바벨론의 공격으로 불탔던 성전을 건축하고 성벽을 중수한 후 그리스도救世主의 출현을 대망하면서 구약성경은 BC400년에 끝을 맺게 됩니다.

+ 성경 : 에스라, 에스더, 느헤미야, 학개,

　　　　스가랴, 말라기

+ 주요 인물 : 고레스, 여호수아, 수룹바벨, 에스라,

　　　　　　느헤미야, 에스더, 모르드개, 하만 등

신·구약 중간시대

BC400~BC5년까지

구약성경이 끝난 BC400년부터 BC5년까지를 신·구약 중간시대라고 하는데 성경은 이 기간에 대해서는 침묵을 하고 있습니다.

바벨론이 멸망한 후에는 유다는 바사의 지배를 받았고 바사가 그리스에 의해 멸망된 후에는 또 그리스의 지배를 받게 되었으며 그리스가 내란으로 붕괴되자 로마가 크게 세력을 떨치면서 BC63년에는 폼페이우스가 유다를 공격, 예루살렘이 정복되고 말았습니다. 이때부터 유다는 로마의 속국이 되어 조공을 바쳤습니다.

① 복음시대 BC5~AD30년까지

구약성경에서 300회 이상 예언하고 그토록 이스라엘 민족이 대망하던 예수님이 그리스도^{구세주}로 이 땅에 오셨습니다. 이 땅에 오신 예수님은 약 30세가 되는 해부터 사역을 하셨습니다. 예수님이 하신 일은 세례를 받으시고, 12제자를 택하여 가르치시고, 각 지역을 다니면서 전도하시고, 마지막으로 예루살렘에 올라가셔서 다락방에서 제자들과 함께 유월절을 지내신 다음 인간의 죄를 위하여 십자가에 고난을 받으시고 장사되었다가 3일 만에 부활하여 40일간 활동하신 후 승천하셨습니다. 이때 예수님의 나이는 약 33세였습니다.

✢ 성경 : 4복음서 _{마태복음, 마가복음, 누가복음, 요한복음}

✢ 주요 인물 : 12제자, 마리아와 요셉,

마리아와 마르다, 빌라도와 헤롯,

세례요한, 니고데모, 나사로,

막달라 마리아

+ 주요 사건 : 예수님 탄생

　　　　　　12제자를 택하심

　　　　　　각 지역에서 전도하심, 예루살렘 입성

　　　　　　다락방에서 제자들과 함께 유월절을 보냄

　　　　　　고난과 죽으심, 장사되심, 부활, 승천

② 초대교회의 형성과 서신시대 AD30~100년까지

　　예수님이 제자들에게 하신 "너희가 권능을 받고 예루살렘과 온 유다와 사마리아와 땅 끝까지 이르러 내 증인이 되리라"는^{행 1:8} 말씀은 예수님의 마지막 당부였습니다.

　　따라서 그의 제자들은 우리가 그토록 기다리던 메시아^{구세주}가 바로 예수님이며 그는 우리 죄를 대신하여 십자가에 못박혀 죽으시고 장사되었다가 성경의 기록대로 사흘 만에 다시 살아나셨다는 사실과 예수를 믿음으로서 구원을 얻을 수 있다는 이 기쁜 소식을 전하기 위하여 각 방면으로 흩어졌습니다.

　　주로 로마제국을 따라 당시 문명세계로 알려진 소아시아, 헬라_{Greece}, 로마로 갔습니다. 인간의 속죄사역은 이와 같이 시작되었고 신약성경은 여기에서 끝을 맺습니다.

+ 성경 : 사도행전, 신약성경의 나머지 책들 22권

+ 주요 인물 : 베드로, 빌립, 스데반, 바울, 바나바,

실라, 야고보, 유다, 요한

+ 주요 사건 : 7집사를 뽑음, 스데반의 순교

사울의 회심, 야고보의 순교

바울의 1·2·3차 전도여행과 로마여행

베드로의 순교, 바울의 순교

예루살렘 성전이 파괴됨

신약성경의 완성 계 22:21

성경의 연대적 줄거리

막연하게 느껴지는 불확실한 존재 앞에 무릎을 꿇는다
는 것은 쉬운 일이 아니지요, 먼저 확실히 안 다음에 믿는 것
이 훨씬 더 논리적인 것입니다. 그러나 하나님의 경우에는 그
논리가 통하지 않습니다. 믿지 않으면서 순종하지 않으면서 하
나님을 알아보기란 불가능하기 때문입니다. 하나님을 인식대
상으로 찾으려면 참 하나님은 나타나지 않기 때문입니다. 참
하나님은 그를 믿고 순종하며 그에게 무릎을 꿇는 자들의 마
음에만 참 모습을 보여 주시기 때문입니다. 믿어야 합니다. 아
직도 마음이 움직이지 않습니까?

다음 이야기로 마무리하겠습니다. 결혼식 날 예복을 차
려입고 집을 나서는데 하늘을 보니 비가 올 것도 같고, 오지

않을 것도 같다면 어떻게 하시겠습니까? 우산을 준비하는 것
이 현명하지 않을까요. 비가 오지 않으면 우산을 들고 다니는
약간의 수고만 하면 되지만 우산을 준비하지 않았는데 비가
온다면 큰 낭패가 아니겠습니까. 머리는 헝클어지고 예복이
비에 젖어 물이 줄줄 흐르는 것을 상상해 보십시오.

　　마찬가지로 하나님이 계신 것도 같고, 안 계신 것도 같
다면, 천국과 지옥이 있는 것도 같고, 없는 것도 같다면 어떤
선택을 하시겠습니까? 이 세상 그 어디에도 이보다 더 중요한
일은 없을 것입니다. 결단하시기 바랍니다.

　　끝으로 이 책이 나오기까지 도움을 주신 교우님들께 감
사를 전합니다.

• 손봉호, 『나는 누구인가』, 샘터, 1986.

• 뉴톰슨 관주 주석성경 편찬위원회,
『뉴톰슨 관주 주석성경』 부록 v.8, 성서교재간행사, 1986.

• 『성경 개역개정』

• 편집부, 『현대인의 성경』, 생명의말씀사, 2013.

• 편집부, 『4영리에 대하여 들어 보셨습니까?』, 순출판사, 2011.